传说中的房子

CHUANSHUOZHONG DE FANGZI

陆少萍 编著

经济科学出版社
Economic Science Press

责任编辑：段　钢
责任校对：徐领柱
版式设计：齐　杰
技术编辑：邱　天

图书在版编目（CIP）数据

传说中的房子／陆少萍编著 . —北京：经济科学
出版社，2011.5
　ISBN 978 - 7 - 5141 - 0647 - 3

　Ⅰ . ①传⋯　Ⅱ . ①陆⋯　Ⅲ . ①房地产业 - 研究 - 中国
Ⅳ . ①F299. 233

　中国版本图书馆 CIP 数据核字（2011）第 076891 号

传说中的房子

陆少萍　编著

经济科学出版社出版、发行　新华书店经销
社址：北京市海淀区阜成路甲 28 号　邮编：100142
总编部电话：88191217　发行部电话：88191540
网址：www. esp. com. cn
电子邮件：esp@ esp. com. cn
欣舒印刷厂印装
710 × 1000　16 开　14 印张　200000 字
2011 年 5 月第 1 版　2011 年 5 月第 1 次印刷
印数：0001 - 5000 册
ISBN 978 - 7 - 5141 - 0647 - 3　定价：26. 00 元

前　言

　　报纸杂志、电视电台、网络有关"房子"的新闻报道、政策信息连篇累牍、浩如烟海，如何去伪存真，读出有益的信息呢？这是一本专门为无房者、有房者编写的好书，而财政、金融、房地产、住房公积金、保障房的决策者和从业人员从书中所受启迪也毫不逊色。无房者包括低收入家庭，更包括初入社会的大中专和高职（中）毕业生，也包括民营（中小）企业员工、个体工商户和自由职业者，还有进城务工的青年。许多有房者尤其是拥有多套房子的人，或轻或重地背负着贷款（债务）的包袱。本书追求的住房体系是多方共赢的格局！

　　揭开地王、强拆、排号、房票、骗贷、假按揭、抢购住房、骗购（买卖）保障房等种种房地产乱象的面纱，让拉动房价攀升的一只只黑手暴露在阳光之下。房子不过是饕餮吸食黎民百姓血汗的麦管。

　　拆迁是有房者随时可能面临的困扰。房价持续上涨，购置了多套房产的人也不能自鸣得意，暴涨的房价会暴跌。有房者面临如何保住房产的抉择。

　　怎样才能"安居乐业"呢？适逢房地产发展的特殊时期，暂时租房或比购房居住更快乐。聪明的租房者会编织一个更美好的住房梦。最佳的购房时机一般不会是在我们手上有钱的时候，也不会是在我们需要住房的时候，更不会是在我们意欲赚钱的时候。

　　住房保障的现行模式，早已让保障房沦为了某些人的牟利工具。"满足居住，遏制投资"的"中国模式"可以三倍扩大保障房建设规模，彻底卸下政府住房保障的包袱。公租房建设的主力军——住房公积金将迎来难得的发展机遇。

今天，贷款买房在国内早已经成为主流，成千上万的普通百姓圆了住房梦，或投资房地产赚得盆满钵满。十五年前，当拙作《拓展消费信贷，培育新的经济增长点》完稿后，笔者踌躇难决于是否公开发表，因为其中心思想是倡导以分期付款的方式按揭购房，解决普通家庭的住房问题。

明天，永远是希望所在，在按揭购房普遍流行，尤其是城镇居民自有住房率达到80％之际，愿本书的思想可以帮助更多的普通百姓圆住房梦，帮助更多的房地产投资者大赚特赚。

另辟蹊径，探讨在不增加国家住房保障支出的基础上，如何将保障房建设规模扩大三倍，惠及更多的黎民百姓，是本书的一大特色。探讨在房价大幅攀升周期，怎样"保住"住房又如何"圆"住房梦，是本书的另一特色。当然，"中国模式"欲早日成为现实，需要一批又一批的人奔走呼号。

目　录

第**1**章

中国房地产行业
健康吗？

城镇居民的自有住房率 80%！

人均居住房面积 33 平方米！

国务院总理温家宝于 2010 年年末通过中央人民广播电台的电波，向全中国、全世界说出的这两个数字，充分证明中国人的住房状况早已今非昔比。① 数据是枯燥的，却是最有说服力的。80% 是一个相当高的比例（美国住房自有率为 68.3%）；人均 33 平方米是一个相当宽裕的住房面积。令人欢欣鼓舞！要知道，1978 年我国城镇人均住房建筑面积只有 6.7 平方米，1998 年只有 15 平方米。②

然而，一个不争的事实是，国内房价持续攀升，居高不下。又有某政府官员表示：

"公安对拆迁户要当敌对势力办！"

"没有强拆就没有新中国！"

房地产商更是语出惊人："做房地产就好像印钞票！"

再看一组宏观数据。2010 年全国土地出让金收入 2.7 万亿元。全年保障房销售量按 300 万套估算，销售收入超过 1 万亿元。全年销售新商品房 5.3 万亿元，按 17% 估算，购房者缴纳税款额 9000 亿元。仅仅是三者相加，就是 4.6 万亿元，与 2010 年全国财政收入 8.1 万亿元相比，比重高达 56.79%！

同时，银行流向房地产业的资金数目不小。据央行和国家统计局的数据显示，2010 年信贷总额接近 8 万亿元，开发商资金构成中，国内贷款 12540 亿元，个人按揭贷款 9211 亿元。这意味着 2010 年新增贷款中用于房地产业的信贷资金高达 2.17 万亿元，在 2010 年新增贷款中超

---

① 张静. 温家宝：有信心让房价回到合理价位［N］. 新京报，2010－12－27.
② 改革开放 30 年我国城市社会经济建设发展成绩显著. 统计局网站.

过了 1/4。

另据央行初步统计，2010 年全年，主要金融机构及农村合作金融机构和城市信用社房地产人民币贷款新增 2.02 万亿元，年末余额同比增长 27.5%。个人购房贷款新增 1.40 万亿元，年末余额同比增长 29.4%。

数目不小的银行贷款加上巨额的企业自有资金，构成了庞大的国内房地产开发投资规模。按国家统计局公布的数据，2010 年全国房地产开发投资 48267 亿元，比 2009 年增长 33.2%。其中，商品住宅投资 34038 亿元，增长 32.9%，占房地产开发投资的比重为 70.5%。

中国房地产行业在"发高烧"。中国经济会允许房地产业继续这样发展吗？

1.1
"地王"频现，"卖地"收入再创新高

人们曾经认为，2009 年中国土地市场十分火爆，媒体甚至称之为"地王"年。但与 2010 年相比，不过是"小巫见大巫"：土地拍卖成交总价款 2.7 万亿元，比 2009 年增加 70.4%。2009 年只是 1.59 亿元，同比才增长 63.4%。

2010 年全国土地供应总量达到 42.82 万公顷，同比增长 34.2%，其中出让土地 25.7 万公顷，同比增长 23.08%。2009 年土地供应总量 31.9 万公顷，同比增加 44.2%，出让 20.88 万公顷，增加 38.3%。以此计算，2010 年出让土地平均价格约每平方米 1050 元，同比涨幅 23.89%。2009 年是 848 元，同比涨幅 18.5%。[①]

房地产业的高烧程度由此可见一斑。

1.1.1　土地出让金收入占财政收入比例超过 50%

在"新国十条"和"国五条"等政策调控背景下，2010 年房企拿

---

① 中国社会科学院. 中国住房发展报告（2010～2011）[J]. 社会科学文献出版社，2011：225.

地热情依然狂热，土地交易市场异常火爆。中国房产信息集团披露的 2010 年土地成交金额排行榜显示，北京、上海、大连三地已进入"千亿俱乐部"，成交金额分别为 1600 亿元、1500 亿元和 1100 亿元。必须注意的是，土地出让金额的大幅提高，不是由于土地出让面积的增多，而是得益土地价格的大幅上涨。

以高居土地出让收入榜首的北京为例，截至 2010 年 12 月 27 日，出让地块 264 宗，仅比 2009 年多出 21 宗，土地出让金收入已达到 1576.32 亿元，却超过了前两年的总和。全年合计 1636.72 亿元，占 2010 年市地方财政收入 2353.9 亿元的 69.53%。2008 年北京出让地块 148 宗，土地出让金 502.7 亿元；2009 年 243 宗，928 亿元。[①]

截至 2010 年 12 月 16 日，上海土地出让金收入达到 1417 亿元，占财政收入比例也超过 50%。

1.1.2　"地王"频现

处于"史上最严厉调控"期的中国，2010 年 1～10 月，全国房企土地购置费已达 8006 亿元，同比增长 79.2%。岁末，一度偃旗息鼓的"地王"再露峥嵘。

11 月 29 日，温州市土地出让单价创出新高：学院中路温州大学（原温师院操场）地块土地楼面价每平方米达 3.7 万元。

12 月 16 日，广州白云新城住宅用地的拍卖现场，房企龙头之一保利两次打破广州居住用地的楼面地价纪录，最高楼面地价每平方米 20605 元，创造了广州地价破两万的新纪录。

12 月 24 日，南京市土地拍卖会上，河西的两块住宅用地，一块拍出了楼面地价每平方米 12789 元！——此前，地处河西的"苏宁睿城"开盘价每平方米 1.63 万元。

杭州市，杨家牌楼地块和枝江旅游度假区地块每平方米分别以 25735 元和 37069 元成为杭州住宅和商业两个新的高价地块。令人匪夷所思的是，不足 10 亩的袖珍地——枝江旅游度假区地块，居然拍出了

---

① 记者邓瑾. 政府花钱得有新办法. 南方周末 [N]，2011-01-06.

每平方米 37069 元的天价，成交价是起拍价的 7 倍之多。

武汉市，底价 5.9 亿元的两个地块，成交价涨至 13.18 亿元和 10.2 亿元，均打破武汉高价地块单价纪录。

小县城也上演着土地拍卖大片。12 月 24 日，在浙江义乌，一家注册资金 1.46 亿元的公司，以 36.81 亿元竞拍成功，创下全国县级市地价最高纪录，楼面地价达每平方米 3.5 万元。

总体而言，省会城市地王楼面价每平方米超过 1 万元的城市有 8 个，其中上海 52855 元、杭州 37069 元、北京 30000 元。地王楼面价超过 5000 元的城市有 18 个。① 另外，合肥、长沙、贵阳、济南、兰州、太原、乌鲁木齐、石家庄等 8 个城市的地王楼面价低于 5000 元。

土地成本是楼房的主要成本。在相当程度上，高地价意味着高房价。地价拍这么高，怎么抑制房价过快上涨呢？

1.2
房价持续攀升

最新数据显示，北京、上海、广州、深圳等地 2010 年新建商品住宅价格普遍大涨。涨幅最大的是北京，同比大涨 42%！②

统计国内 30 家主要房企，2010 年全年销售额累计 8691 亿元，销售面积 8449 万平方米，均价同比上涨了 23.98%。

1.2.1 地价拉高房价

地价是拉高房价的一个重要力量。今年的高地价，很可能预示着明年、后年的高房价。

据统计，北京市住宅楼面地价已由 2009 年每平方米 6189 元，飙升至 2010 年 8256 元。土地成本通常占房价的 1/3，以此计算，北京房价似乎难以低于每平方米 2.4 万元。浙江省温州市那块地（原温师院操场），土地价已是每平方米 3.7 万元。在这样的土地上建设住房，加上

① 刘德炳. 去年我国地王迭出 最高价达 35 万/平方米 [N]. 中国经济周刊, 2011 (4).
② 于梦江, 谢鹏. 北京房价年涨 42% 年薪 15 万难置业. 广州日报 [N], 2011 - 01 - 17.

税费等各种成本、利润，业内分析，楼面单价要达到每平方米七八万元。南京市河西地域，"苏宁睿城"曾以 1.63 万元开盘，眼下新地块的楼面地价都拍出 12789 元，未来新楼盘会怎么定房价呢？有人认为，河西的房价很快就会冲过 2 万元。

在第 10 章的讨论中，我们会明白并非地价高房价就贵，有的时候"面粉比面包贵"。

1.2.2　房价收入比持续恶化

中国社会科学院《经济蓝皮书》指出，2010 年城镇居民人均可支配年收入约为 18900 元，农民工年均工资为 19200 元，房价收入比分别为 8.76、10.06。预计 85% 需要购买新住宅的城镇居民家庭无力购房。

国家统计局数据显示，2010 年 1～11 月，全国商品房销售额为 4.23 万亿元，同比增长 17.48%。以此推算，全年商品房销售额可能达 5.3 万亿元，再创历史新高。

据测算，购房者支付的房款中约有 17% 是各种税款。按商品房销售额 5.3 万亿元计算，购房者缴纳税款将达到 9000 亿元。

——最权威的研究机构社科院说，有 85% 的城镇居民家庭无力购房，房地产行业偏偏交出如此骄人的销售成绩单，奇怪不奇怪？

1.3

拆迁风暴席卷中华大地

统计显示，我国城镇化率已由 1978 年的 17.92% 发展到 2009 年的 46.59%，只用 30 多年时间就赶上了西方 200 年的城市化历程。城市化是社会发展的必然趋势，但若不循序渐进，城市化就难以健康发展，不仅损害农民利益，还会带来严重的"城市病"。[①]

城市化应该是农民的市民化，而不仅仅是土地的城市化。一些地方城市化仅仅是将农村土地变成城市用地，忽视了农民转变为市民的权

---

①　中国社会科学院. 中国住房发展报告（2010～2011）[J]. 社会科学文献出版社，2011：225.

益。城市化的真正标志是进城农民有充分的就业和完全的市民权益。按中央农村工作领导小组副组长陈锡文的说法，目前统计的 6 亿城镇人口中，至少有 2 亿人并没有享受到市民的权利。

一些地方推进城市化的冲动来自于土地财政，千方百计把农民土地变为建设用地，农民"被上楼"、"被市民"，一些村庄成建制地变为城镇，违法拆迁、暴力拆迁时有发生，农民的利益受到严重损害。广受社会瞩目的宜黄"9·10"强拆自焚事件，以县委书记和县长被免职落幕。

在某些地方，不仅棚户区、危房忙于拆迁重建，一些新建成使用不过数年的居民小区、办公楼宇也以种种理由列入了拆迁计划，甚至个别在建楼宇、小区也逃脱不了拆迁的命运。

有房者不能不考虑自己的住房什么时候会拆？

是谁导演了一幕又一幕的"强拆"悲剧呢？

在拆与不拆的博弈声背后，有着一条什么样的利益链呢？

1.4
房地产调控：知难而上

面对房价持续攀升，中央政府不能坐视不管至少有两方面的原因，一方面是不能容忍虚高的房价吞噬普通百姓的血汗钱，另一方面是不能允许房地产行业可能发生的崩溃危及稳步发展的国家经济。

1.4.1　史上最严厉的房地产调控年

2009 年 12 月我国揭开新一轮房地产调控大幕，2010 年 4 月"国十条"出台，9 月底再次加码。短短的 10 个月之内，中央政府三度出手调控楼市，力度之大实属罕见，彰显抑制房价的决心。有人统计发现，2010 年进行了大大小小 30 多次有关房地产业的调控，严厉程度史上罕见。[①]

---

① 中国社会科学院．中国住房发展报告（2010～2011）［J］．社会科学文献出版社，2011：328－356．

房地产投资占我国固定资产投资的比重目前接近 20%，房地产产值占 GDP 比重约 10%，若加上相关产业，房地产对 GDP 的贡献更高。业内普遍认为，房地产调控最让政府担心的是房地产投资下降带来的固定资产投资下降，由此引发国家经济增长的减速。故而，一些政策在执行力度上有待加强。鉴于此，有学者认为调控政策对房地产行业的影响有限。

房地产带动的多数是劳动密集型、低附加值行业，如钢铁、水泥和建材等，中国经济有必要尽早摆脱对房地产的过度依赖。

1.4.2　房地产调控的难点

中国住房和城乡建设部副部长仇保兴认为：一是中国城镇化发展带来的刚性需求。中国城镇化率还不到 50%，每年大约有 1500 万的农民进城，住房刚性需求旺盛。二是民间资本投资领域过窄。三是全球化的热钱涌动与人民币升值预期相结合。四是房产持有环节税收制度缺失。五是地方政府对土地财政的依赖，使得房价越高，土地价格越高。六是中国各地区之间经济发展差距十分巨大，一些沿海城市房价暴涨，与发达国家一些地区的房价并驾齐驱。而内地一些城市房地产业刚刚起步，在这种情况下，用"一刀切"的办法调控房地产市场，对全国来说很难有非常好的效果。

住建部长姜伟新在《关于城镇住房问题》中，分析近几年部分城市房价上涨过快的原因时指出，主要是工业化、城镇化快速发展使得住房需求总体快于供给增长；市场监管力度不够；地方财权与事权不匹配，较多依赖土地出让资金收入和房地产发展收入；建设成本上涨；前两年流动性充裕，大量资金流向房地产领域。

上述说法有相当的代表性。无疑，准确地把握房地产行业存在的问题，出台的政策才会"有的放矢"，达到预期的调控效果。

1.4.3　加大保障房建设力度

供不应求，一度被认为是国内房地产行业的症结。

为解决普通百姓的住房困难，国家连年加大保障房建设力度。从

2008 年"131 号文"发出以后，保障性住房的建设规模年年倍增。2008 年保障房建设规模仅有 100 多万套，2009 年达到 330 万套，2010 年为 580 万套，2011 年的计划是 1000 万套。保守估计，2010 年保障房销售量 300 万套，每套面积 70 平方米，每平方米 5000 元，销售收入就超过 1 万亿元。

国土部在公布 2010 年住房用地供地计划时表明，保障性住房计划用地为 24000 多公顷，与 2009 年相比增加一倍多。

2010 年以来，中央陆续出台了公积金建设保障房试点政策和保障性安居工程资金使用政策，目的都在于增加保障房的供应数量。

美国的住房自有率不过是 68.3%，而我们城镇居民自有住房率已经达到了 80%。商品房建设数量在大幅增加，保障房建设规模几乎年年翻番，然而房价依旧居高不下，持续攀升，无房者住房梦难"圆"，隐藏在供求关系身后，拉高房价的究竟是一个什么样的魔鬼呢？

1.5
中国经济步入"通胀"周期

2010 年牵动我们神经的一个词就是"物价"，为回应物价的疯涨，网络上出现了"豆你玩"、"蒜你狠"、"糖高宗"、"苹什么"等谐音热词。

CPI 为消费者物价指数（Consumer Price Index）的英文缩写，是反映与居民生活有关的商品及劳务价格统计出来的物价变动指标，通常作为观察通货膨胀水平的重要指标。一般来说，CPI > 3% 就是通货膨胀，CPI > 5% 就是严重的通货膨胀。

日本总务省 2010 年 12 月 28 日公布的数据显示，11 月份 CPI 为 99.4，比去年同期下降 0.5%，连续 21 个月下降，通缩迹象明显。

欧洲各国从 2008 年以来，CPI 大多为负值，处在实际通缩状态。希腊、冰岛、爱尔兰相继发生债务危机。西班牙 2010 年 11 月房地产泡沫破裂，房价下降 50% 仍然无人买房，到处是鬼城，国家经济面临崩溃。

美国通胀率也达到了历史低点。根据美劳工部的数据，2010 年城市通胀率为 1.1%（以 1982～1984 年为比较基础），是过去 10 年里最低的 1 年。食品的通胀率为 1.5%，能源为 3.9%。

国家统计局发布的 2010 年 12 月 CPI 为 4.6%。全年同比增长 3.3%。据最新数据，2011 年 1 月份 CPI 同比上涨 4.9%，环比涨幅为 1.0%。其中，城市上涨 4.8%，农村上涨 5.2%；食品价格上涨 10.3%（粮食价格涨 15.1%），非食品价格上涨 2.6%。居住价格上涨 6.8%。

2011 年 3 月"两会"期间，温家宝总理作政府工作报告时表示，2011 年要把稳定物价总水平作为宏观调控的首要任务。与中外记者见面时强调："我们今年在政府宏观调控的各项工作中，把抑制通货膨胀摆在了第一位"。

为什么世界各国通缩，而中国通胀呢？

1.6
"对症下药"

未准确地诊断中国房地产行业的病因，是不可能对症下药解决根本问题的。从表面上看，是国内房价持续攀升、居高不下，远远超出了百姓的收入水平，普通家庭买不起房，深层次的问题，实际上是一部分中低收入者居无其所。如果"居有其所"，哪怕房子是租赁的，即便狭窄而陈旧，还会有如此众多的普通百姓抱怨国内的高房价吗？——回顾一下，20 个世纪 90 年代之前，有多少人关心过房价？

在城镇居民自有住房率 80% 的中国，究竟是什么动机诱导房地产开发商疯狂抢购土地，诱导买房者疯狂抢购住房呢？又是什么力量拉动着国内房价持续攀升、居高不下呢？

透过各种房地产现象，揭开层层面纱，展现推动房价上涨的一只只黑手，既有利于广大青年、普通百姓规划"住"，早日圆自己的住房梦，也有利决策者从容应对，彻底解决国内房地产行业的突出矛盾。

第2章

中国跨入购房时代

俗话说：衣、食、住、行。"住"是人类生存的四大需求之一。"安居乐业"则突出了"房子"在日常生活和工作中的显著地位。事实的确如此，一个人如果缺乏安心的栖身之处，又怎么能有时间和精力投入工作、学习呢？

2.1

福利分房

有研究者称，虽然国务院"国发〔1998〕23 号"文于 1998 年取消了全国范围的福利分房制度，但在某些机关和事业单位，福利分房的现象并未根绝。2004 年是中国房价的一个快速上涨时期，福利分房死灰复燃，个别机关、事业单位以各种方式、名目，向领导、干部、职员分发房产。

据称，有一名大学生毕业后在某部委工作，月收入 4000 元，无力购买商品房。然而，该部委有不少旧住房，他得以在北京东三环以"内部价"购买了一套 80 平方米的两居室，每平方米 4000 元。当时北京的二手房价早已突破每平方米 2 万元。对于类似单位而言，腾出的旧住房空着也是空着，"出售"能有一笔不菲的收入，又能解决员工的住房困难。对单位员工来说，则是一种不薄的福利。

公务员的工资并不高，仅凭正当收入不足以在北京购置商品房居住。就部委公务员的住房问题，《南方周末》记者在 2008 年做过深入调查。作为一个特殊的群体，在房改 10 年之后，个别部委公务员依然享受准福利分房的待遇。[①]

---

① 赵小剑. 房改刹车并未踩死　部委公务员享受准福利分房 [N]. 南方周末, 2008 - 03 - 27.

　　在1998年的机构改革前后，一些部委进行过突击分房，因为不清楚机构合并后存量房会怎么处置，有的部委就把掌握的住房分配了。此后，公务员数量每年都在增加，在房价暴涨的背景之下，有部委陆续自建集资房或经济适用房售给职工，每平方米4000~6000元。那些相同位置的商品房是每平方米要上万元，有的甚至超过2万元。

　　记者获得的文件表明，2006年××局共审核批复：84个单位按房改成本价出售公有住房2347套，建筑面积约15.49万平方米；48个单位按经济适用住房价格出售旧公有住房2106套，建筑面积约17万平方米；13个单位出售新建经适房5133套，建筑面积约60万平方米。

　　一些老部委，医院、幼儿园、学校、科研机构无所不有，早年无偿划拨的土地相当多，可以通过改变建筑用途来自建经济适用房。比如，以办公用地或培训基地的名义获得土地，1/3盖办公楼，2/3自建经济适用房。类似方式偶尔也会碰到困难。有一个部委自建经济适用房七八年了，房产证还没办下。

　　归纳起来，公务员获得"准福利房"途径有两个：一个是职能部门统一组织建设经济适用房，按建造成本价出售；另一个是有地或者能拿到地的单位自建经济适用房，按不低于同等地段经济适用住房的价格向本单位职工出售。

　　在北京以外的地方，公务员获得"准福利房"也以这两个途径为主。第三个常见途径就是企业单位普遍采用的集资方式。

　　经济适用房是一种政策性商品房，建设用地一般是划拨而来，享受税收优惠。在第11章介绍的事例揭示，国家投资建设的保障房在一些地方演变成了机关、事业单位领导干部的福利房。

2.2

集资建房

　　以1998年为分水岭，停止住房实物分配，全面实行住房分配货币化。住房制度改革全面展开，中国百姓渐渐迈入购房时代。随着时间的推移，越来越多的青年进入国企、机关、事业单位的领导层，他们不曾分享福利分房的"蛋糕",他们及其所代表的同龄人的住房问题渐渐提上议事日程。既能解决住房困难,又能"绕"过政策红线的各种"马甲"应运而生。较早出现的"马甲"是"集资建房",2004 年出现"经济适用房",2007 年冒出"委托代建"、"定向开发"……有些"马甲"至今仍在沿用。

2010 年 12 月 30 日,国土部发布了一份《企业原因造成且尚未处置的房地产闲置土地情况表》,中××控股的北京某房地产开发有限公司在北京昌平区沙河镇的三宗地赫然在列,分别为井田花园专家居住小区 C–2 区、C–4 区和项目 C–6 号地。①

对此,有关公司总经理助理给媒体的书面回答称,这三宗"闲置"土地,已经市规划委员会批准,从住宅用地变更为科研教育和职工住宅用地,将用于建设中××科学技术研究中心和科技人才引进基地。该项目已列入昌平区 2009 年、2010 年重点工程建设项目。目前公司已完成了对项目容积率等特定规划条件的调整和修订,正在着手项目的工程建设。

按照中××在 2010 年 11 月 30 日发布的最新公司土地规划,三宗地块本来是科研教育的地块,变更为目前的近三分之二用于住房建设。其中,15% 为保障房,85% 为其他性质的住宅,总数约 3000 套。不用说,这些住房当然由中××干部、员工居住。

北京某部委建房七八年办不下房产证,南疆××省××市某农场集资建房未完工却被拆除,获称"最短命的经济适用房"。据报道,××市第二农场又称某实业总公司,原是 1956 年成立的国有企业。2005 年国有资本退出,改制成民营股份制企业,员工 811 人。就是这样一家老字号企业,仍有 381 户工人没有自己的房子。58 岁的吴永珍和 68 岁的石伟华就是其中之一。他们十多岁就来到这里,数十年来,一家人住在没有厕所的棚户区里。在领导层的倡议下,381 户工人每户集资 12 万元,计划建 13 栋经济适用房,每套面积约 88 平方米。

办妥了各项合法手续,新房于 2009 年 11 月 8 日动工。按计划,

---

① 叶书利,喻春来. 中××土地闲置 6 年升值 22 倍　三宗地曾涉腐败案.

2010 年九十月安装门窗，春节时职工们就可以搬进新家了。但是，2010 年 5 月拆迁通知来了。随着政府规划的改变，13 栋未建好的新房面临拆迁。

2.3
"祸"起房地产

盛极而衰。有识之士深知，繁荣与萧条不过是一步之遥。世界上曾发生过多起由房地产而起的经济危机。在一些研究者看来，过去对房地产的调控，全世界的政府均堪称失败者，几乎所有国家都多次绊倒在房地产这块"石头"上。他山之石可以攻玉；前车之覆，后车之鉴。跨入购房时代的中国，不论是政府还是个人，都有必要预防类似的悲剧重演。

2.3.1　房地产危机中的西班牙

2011 年元月初，媒体刊发了一组濒临破产的西班牙烂尾楼图片。

与中国许多"70 后"、"80 后"一样，西班牙青年也有着强烈的购房欲望，特别不喜欢租房居住。这造就了西班牙房地产业的一度繁荣。在过去的 10 年间，西班牙的地价上涨了 5 倍，光是 2007 年就有 80 万套新房竣工。当年的建筑业占国内 GDP 的 12%，是英国和法国的一倍。但是，仿佛一夜之间，西班牙的房地产开发商发现，建成的住房无人问津了，一排排的房子整齐地"铺"在山坡上待售，各地迅速留下一处处烂尾楼。银行家开始头疼，房产商贷走的一笔又一笔贷款被迫转成不良债务。

2.3.2　日本"失去的 20 年"

1978 年前后，日本经济强劲发展，索尼、松下、丰田等一批民营企业迅速发展壮大成跨国集团。进入 20 世纪 80 年代，日本的汽车、家电大量出口（当年，日本收录机是中国家庭的必备品。一批港台歌星的录音带畅销中华大地）。大量的外汇涌入日本的银行，放贷成为银行的当务之急。出自银行的巨额贷款源源流入证券市场和房地产市场。

在这样的背景下，日本房价从 1975 年开始温和上涨，1985 年大幅飙升，房地产泡沫快速膨胀。最大投机者是财力雄厚的企业（有中国人熟悉并已倒闭的"八佰伴"），许多金融机构加入炒卖土地和房产行列，大幅推高地价和房价。1987 年，银座地价涨了 40%，东京房价涨了53%。很多公司职员恐房价继续上涨，忙着贷款购房；房地产商组织人员扮成购房者深夜排队，形成购房需求旺盛的假象。

面对持续攀升的房价和地价，政府出手调控。1989 年后，日本央行升息力度的不断加大，贴现率最高升至 6%，导致股市一年内下跌了38%。在股市崩盘的同时，楼市的泡沫也被挤破。投资者抛售股票以填补房地产市场的损失，或者抛售房产以弥补股市的损失。股价和房价在短期内直线暴跌。1991 年，住宅用地价格大跌 46%。银座地价暴跌六成，原先 1 亿日元的房子跌至 4500 万日元。搬入新居不久的白领一夜之间变成了"房奴"。

日本房地产业此次崩溃，房价跌幅 80%，地价跌幅 75%。经历了漫长的 20 年，很多地方的房价仍只有高位时的 40%～50%。由于地产泡沫破裂，日本经济遭受重创，萧条了长长的 20 年，舆论称之为"失去的 20 年"。有人总结出两点经验教训：一是住房是用于居住的，不应过分注重它的投资回报；二是不要受上涨的房价诱惑，贷款购置房产。

在第 3 章我们会讨论，目前在中国，一些资金雄厚的金融机构（保险公司）、非房企开始投巨资涉足房地产，会不会是在步"八佰伴"等日本企业的后尘呢？

在房价涨了又涨的中国，那些深夜排队抢购房子的购房者，会不会像当年的日本白领一样沦为"房奴"呢？

2.3.3　香港连跌六年

1978 年香港解冻银行牌照发放，加上 1978 年之后国内实行改革开放政策，深圳被设立为经济特区，成为中国内地与世界连接的一座"桥梁"——香港步入了千载难逢的发展阶段，渐成第三大国际金融中心。世界各地涌来的资金和人流，不断拉高香港的地价和房价，不少港人倾其所有投资房地产。香港主要地产开发商都是上市公司，也容易通过证券市场融入房地产开发需要的庞大资金。香港政府每年财政预算的30%左右来自土地拍卖，许多政策都会顾忌对房地产行业的影响。

香港总面积只有1078平方公里，可供开发利用的土地不到30%。港府历来施行谨慎的土地政策。1995年以前，私人和政府每年盖的房子不足4.5万套，远低于市场需求。1996年在香港购房，先得花150万港币买一个"买楼的号"（第4章会介绍，10多年后，在中国一些地方想购买某些小区的住房，也需要购买"房票"）。

从1985年到1997年，香港房价涨了近10倍！

1997年，特区政府接管政权后，为了遏制涨得离谱的房价，推出"八万五计划"，即政府每年推出8.5万套政府补贴公房，以不到市场价两成的价格出售给符合资格的人士。这一举措，加上1997年夏天的亚洲金融风暴，房价一泻千里、阴跌不止！至2003年年中楼价已下跌70%，负资产——持有物业的市值跌至按揭金额以下——人士陡增，给香港经济带来十分严重的影响。2001年8月份破产的人数超过了1997年全年的破产人数。香港娱乐圈大哥级人物钟镇涛损失惨重，向法院申请破产，轰动一时。

香港房价此轮上涨历时13年，阴跌6年后，2003年年底香港房价方有了复苏的迹象，可是对那些在1996年、1997年房价高位时的购房者而言，要等到房价涨回购买价，还要等多少年呢？——14年！2011年3月上旬，有媒体报道，香港楼价最近快速飙升，已超过1997年历史最高点。1997年至今，可是十分漫长的14年啊！

这次香港房地产危机至少有两方面经验教训：一方面，房地产具有明显的周期性，其上涨时间和下跌时间，往往以若干年计算；另一方面，必须加强风险意识，房地产投资隐藏着巨大的风险。

特别需要谨记的是，与日本房地产泡沫破裂导致经济萧条、房价阴跌20年相似，香港房地产危机导致房价一泻千里、阴跌时间长达6年！

其实，在1985年之前、1975年之后的10年间香港房地产业曾发生过一次振幅有限的"振荡"。那次小振荡竟将"香港置地"从香港最大规模的地产公司宝座震落，让很多人大跌眼镜。

香港置地1889年由两名英国商人创办。1965年、1966年分别盈利

1970 万港元、3518 万港元，成为香港最大规模的地产公司，被誉为香港"地产皇冠上的明珠"。

1975 年香港房地产行业缓慢复苏，地价、房价齐涨，至 1980 年已有五年，价格已经运行至高位。其时，地产投机严重，利率快速上升。香港置地却认为土地和房屋价格会继续上涨，斥巨资高价收购土地。1981 年年初 13.08 亿港元购入白笔山发展计划、1981 年 8 月 28 亿港元购入美丽华酒店旧翼、1982 年 2 月 47.55 亿港元购入中区交易广场，计划兴建全港规模最大、设备最先进的商厦。十足的"地王"风范！谁知，事与愿违，1982 年房价暴跌 30%～40%，地价普遍暴跌 40%～60%。香港置地仅此三项目损失就超过 30 亿港元。

"抢地"需要巨额资金，大幅度增加负债。1981 年香港最优惠利率达到 20%。1983 年，香港置地出现 15.83 亿港元亏损，债务达 150.7 亿港元，债务比 56%，成为香港最大的负债公司，被戏称为"债王"。地产业"老大"的位置迅速被取代。

香港置地错就错在误判地价和房价的走势，当房地产业热烈时斥巨资高价收购土地！

2.3.4 "美丽的城市国家"新加坡

新加坡现行的住房体制备受国人推崇，其实这个国家也经历过源于房地产的洗礼。1986～1996 年，新加坡私人住宅价格涨幅达 440%。1996～1998 年，亚洲金融危机和"组屋"转售限制放开，私人住宅房价一度暴跌 45%。2000 年暴涨 30%，2001～2002 年又连续出现 10% 跌幅，之后才趋于平稳。

新加坡地少人多，面积很小，又是岛国。经过多年探索，政府很好地解决了居民的住房难题，确保在经济高速发展的同时，房地产业得以有序发展，成为举世闻名的花园城市。其主要政策是从 20 世纪 50 年代开始强制推行的公积金制度，每一个在职公民都要缴纳收入的 40%～50% 作为住房公积金。其中的 80% 就用于保障房的建设和消费。[1]

---

① 中国社会科学院．中国住房发展报告（2010～2011）［J］．社会科学文献出版社，2011：285.

中央政府主导发展规划，地区政府不具有规划职能。规划分为概念规划蓝图和总规划蓝图两个层面。概念规划蓝图主要制定土地和交通的规划，描绘了未来 30~50 年城市的模样。相关公共配套设施，交通网络，产业布局都有明晰的标记和详细的预算，在每个细分的小块，连容积率都有详细的规定。这个规划每五年会进行一次修改，届时将进行公示，专家和市民都可以提出自己的修改意见。

建屋发展局根据不同居民的收入水平设计不同的住宅，以解决各个层次居民的住房需求，既像"开发商"负责保障房的开发、建设和租售，又像"银行"给购买保障房的居民发放按揭贷款。

供给普通收入者的经济适用房以高层住宅为主，居民可以借助公积金购置。该国对低收入者购房提供补贴。一般而言，无房的新婚夫妇第一次购房，如为二手房，政府会给予折合人民币 15 万元的一次性补贴；如购新房，政府会以低于市场价的折扣价格出售。这些住宅五年内不得转让，确需五年内出售的，必须通过政府机构，不能直接在市场上出售。

高收入的居民，国家不包其住房，购置住宅完全实行商品化。

在房屋的拆除重建过程中，拆迁是一个难题。新加坡有一个成功的经验：拆迁户迁居的新房，必须要比他们以前居住的地方好。新的生活环境更好，居民就会支持政府的动迁规划。

新加坡总理李显龙的一句话非常有见地："房子应该是买来住的，不是买来投机的"。

经过多年努力，新加坡住房自有率从 1970 年的 27% 上升到如今的 91%。近 90% 的居民居住在政府提供的"组屋"。"组屋"价格低廉，购买、使用和转让有严格限制。10% 左右的人从市场购买"私宅"——商品房。主要是那些未办妥新加坡永久居留证的外籍人士、希望改善住房状况的富裕阶层及一些海外买家。

2.3.5 海南与北海昔日的辉煌

说起来，国内曾经有两个地方经受过房地产危机的洗礼。对于经历了 20 世纪末"中国经济软着陆"的人而言，1993 年海南与北海房地产泡沫的破裂，是一段难以磨灭的记忆。

1988 年 8 月 23 日，"海角天涯"海南岛脱离广东省，成为中国第 31 个省级行政区。海南顿时成为国内各地"淘金者"的"金矿"。

一夜之间，人口 655.8 万的海岛上涌现出了两万多家房地产公司，平均 80 个人一家。如此众多的房地产公司都是来为海南人建设住房的吗？——不，他们在玩古老的"击鼓传花"游戏，不过，他们传的是能够建筑房子土地，不是花。

通过数据可以一睹当年那场游戏的疯狂：1988 年，海南商品房平均价格每平方米为 1350 元，1991 年为 1400 元，1992 年狂涨到 5000 元，1993 年再狂涨到 7500 元。短短 3 年，涨幅超过 4 倍！1992 年，海口地价由 1991 年的一亩 10 多万元，飙升至 600 多万元。海南全省财政收入的 40% 来源于房地产业。

哨声突然响起！——1993 年 6 月 24 日《关于当前经济情况和加强宏观调控意见》出台，海南房地产热浪应声而落，数千家开发商卷款而逃，留下 600 多栋"烂尾楼"和 800 亿元积压资金，仅四大国有商业银行的坏账就高达 300 亿元。有的银行的不良贷款率高达 60%。清理处置不良资产时，银行发现一些作为抵押品的楼房其实才挖了一个大坑，很多抵押物是名副其实的"空中楼阁"，重复抵押现象屡见不鲜。

1999 年开始，海南省耗费了整整 7 年的时间，处置积压房地产的工作才基本结束。距 1993 年 13 年后，2006 年下半年海南房地产行业才开始缓慢复苏。

与海南隔海相望的广西北海市，房地产开发的火爆程度也毫不逊色。1992 年，这座 10 万人口的海滨小城也仿佛一夜之间冒出了 1000 多家房地产公司，汇集了来自全国各地的 50 多万人。在"鼓"声中，那些政府批来的土地从一亩几万元"传"至 100 多万元！

哨声传来，在海南"击鼓传'地'"游戏停下的同时，北海的"击鼓传'地'"游戏也被迫停止了。50 多万人逃之夭夭。统计发现，北海房地产积压的资金高达 200 亿元，烂尾楼面积超过了海南三亚，被称为中国的"泡沫经济博物馆"。

2.3.6 普京一年降房价 60% 的秘密

网络盛传：普京一句话，莫斯科房价一年降 60%。

　　普京是怎么将房价降下来的呢？媒体报道了两点：一是调控，俄罗斯政府将住宅法律法规梳理了一遍，制定了莫斯科居民住宅问题的解决方案和长远规划，明确规定莫斯科居民拥有在莫斯科居住的权利。二是，莫斯科政府和俄罗斯政府共同出资购置 5000 英亩的土地（一英亩约 4050 平方米），建设别墅（包括叠拼和双拼），以低于市价的 60% 出售给莫斯科居民。

　　政府有平价的别墅供应，谁还会购买开发商盖的昂贵的高层豪宅？——莫斯科的房价应声而跌。

第3章

谁在建房？

早期的建房目的是为了满足人类的居住需求。随着社会的发展，某些人的建房动机早已不再单纯是为了供人居住。有的人以建房为工具追求利润；有的人以建房为途径追求更大的人生价值……有人疑惑，会不会有人建房的目的就是为了将来拆除呢？

3.1
单位在建房

　　据中央电视台 2010 年 12 月曝光：在国家级的贫困县××县，有一个住宅小区名为珠江花园，花草树木，亭台楼阁，小桥流水，不是公园胜似公园，与附近普通百姓的住房相比十分耀眼，是全县唯一的别墅区。每栋别墅高三层，地处中心的红色别墅看起来最气派。共计 61 栋别墅，是县供电公司（原电业局）的住宅区。中心位置的 9 栋别墅住的是公司现任和前任高层，边上的别墅住的是中层领导。外围的五栋住宅楼住的是一般职工，职工楼户均达 150 平方米。

　　据了解，珠江花园由供电公司内部集资兴建。在公司工会查到的缴纳建房集资款的数额显示，公司领导的别墅每套近 300 平方米，只交了 13 万元，相当于每平方米 400 多元。当地普通商品房的价格是每平方米 1000 元左右。

　　早在 2003 年年初国家就明令停止所有别墅项目供地。这个小区是如何获得土地审批呢？对此，××县建委副主任表示不知情，县规划局办公室主任则称原始档案已丢失。

　　县国土局副局长介绍，这个小区是通过政府批准出让，共计 105 亩。在县国土局与供电公司的土地协议出让合同上，记载的土地用途是办公住宅，并没有别墅的内容。办理审批手续时说是办公住宅，但在整个小区未见到一处办公场所，除了供电局职工活动中心外，其他全是住宅。对于违规建别墅的情况，该县副县长说，这个小区从土地使用性质上存在问题。在监管上应该是有缺位问题。

虽然不普遍，仍有不少单位以各种"马甲"建房，特别是某些有办法拿到土地的单位，部分员工从中得到实惠。

据《京华时报》报道，2011年4月某高校将迎来百年校庆，该校校长（全国政协委员）在3月初"两会"期间透露，通过1年的努力，1000套住房手续办完，将分给教师。另有5000套的建房计划。这些房源将大致解决该校教师的住房问题。教师们将以市场价的1/3～1/2购房。业内人士评论称："××分房千套，房改立成神马"。众所周知，我国高等教育经费历来紧缺，故而收取入校生较高的学费。如此动辄1000套、5000套大张旗鼓分房，不能不令人刮目相看！对于得到房子的教师而言，相当于从学校得到了一笔数十万乃至一两百万的"额外收入"。

2010年9月《大河报》报道，在郑州市秦岭路北段一院落，64岁的退休矿工陈新年闲暇时会带上矿灯和工具，下到地底掘进。他的宏伟目标是挖出一套三居室，改善居住条件。挖掘延续了整整4年，2010年9月，在地下6米深处掘出50平方米空间，可以住人了。

不想当房奴的陈新年祖籍周口太康，退休前在平顶山煤矿做掘进工。目前居住的房子属于棚户区，数十间低矮的房屋连成一片，每户人家都在房前屋后圈些公共空间堆放杂物。

陈新年每天挖掘四五个小时。最近两年，听说房子要拆迁，就放慢了工程进度。他说，这一切都是因为房价飞涨，"附近的房价每平方米5000多元，我们根本买不起"。

被称为"地宫哥"的温州瓯海区新桥住宅区某幢一楼某住户，则在进行另一项冒险挖掘，让人不由惊出一身冷汗。前段时间，该住户在屋内大兴土木，邻居们以为是装修未在意，后来发现运出大量泥土，原来业主竟在房内"挖地三尺"，似乎要挖"地宫"。有人猜测，其目的是欲向下扩建：下挖1.5米，与房屋原高2.7米形成4米多高的空间，做一个"跃层豪宅"——使用面积95平方米的房子变成200平方米的

"楼中楼"。从媒体配发的图片看，这套房子内部沿墙边下挖出大坑，搭建了楼梯。

"地宫"所在的这幢楼共7层，房龄已有10余年，相距100米远处有一条河……邻居不由担心"地宫哥"举动会影响楼上住户的安全。房管局接到举报后，调查发现此等做法属擅自挖掘住宅地面，变动建筑主体和承重结构的行为。《住宅室内装饰装修管理办法》规定：住宅室内装饰装修活动，禁止未经原设计单位或者具有相应资质等级的设计单位提出设计方案，变动建筑主体和承重结构。遂责令当事人恢复原状。

3.2
房地产开发公司在建商品房

房地产开发公司是建房的主力军。这支队伍为什么会迅速壮大呢？

1998年"房改"以来，尤其2003年房地产业被确认为国民经济发展的"支柱产业"后，中国房地产业呈现暴发式增长（2009年中央经济工作会议，房地产业不再作为"国民经济的支柱产业"）。国家统计局的数据，2003年房企为37123家，2008年增加到87562家，年增20%。房价高涨的2007年，房地产开发企业数量在一年内增加了40%。服装大佬雅戈尔和美尔雅、酒王五粮液、钢铁巨人宝钢和首钢、有色龙头中国铝业等行业巨头纷纷携巨资成立公司，投身房地产开发。

据《中国住房发展报告（2010~2011）》统计，2005~2009年，国内房地产业平均毛利率约30%。2008年、2009年分别为59.10%、55.72%。该书认为："我国房地产价格高速上涨的重要原因，在于我国没有形成稳定的住房制度"。

2010年1月5日，在某省委十届六次全会的分组讨论会上，省物资集团党委书记庄某从房地产商的角度谈起了卖楼"生意经"：金融危机对我们最好，别的行业利润不高，我们就大举进攻房地产。做房地产就好像印钞票一样，来钱确实快。因为房地产透明度高，大家举牌向政府竞拍，不存在底下交易。卖楼也是这样，价格都是说好的，打折扣也就是一个点两个点的问题，又不存在收不回钱，比买卖汽车、水泥等行业要容易管理，透明度高，挣钱也没那么复杂。

　　鉴于国企在竞争中具有明显的特殊优势，为有利于房地产业的健康发展，2010 年 3 月，国资委要求 78 家非房地产主业央企在完成自有土地开发和已实施项目后退出房地产业。

3.2.1　抢地

　　巧妇难为无米之炊。建设住房的第一要素是什么呢？表面上看是资金，实际上是建房使用的土地。有了土地，即使缺乏资金，房子照样能够建起来。对房地产开发公司而言，土地才是最根本的。有关系者拥有拿地的能力，会与没有背景的资金方合作，通过或明或暗的方式取得某块土地使用权，然后将土地转手第三者，与资金方分享差价，或者由资金方开发销售，按双方事先商定的比例分配利润。

　　2010 年是房地产政策"史上调控最严厉"的一年，也是住房销售增长额最大的一年，更是史上抢拍土地最疯狂的一年。土地是房地产公司建设楼房的基础。面对史上最严厉的房地产调控政策，许多房企购地热情丝毫不减。

　　保利地产 2010 年发布取得房地产项目公告 10 个，涉及拿地总金额 437 亿元。粗略统计，2010 年拿地总金额超过 520 亿元，比 2009 年多出 100 多亿元。2010 年前 11 个月，保利实现签约金额 571.49 亿元，拿地金额已接近于销售收入。

　　另一房企龙头万科，在 2010 年前 11 个月，为获取土地使用权所付出的资金是 533 亿元，远高于 2009 年的 292 亿元。万科最终成为 2010 年花钱最多的"地主"，以 659 亿元获得 96 幅土地，位居 2010 年房地产企业拿地的榜首。

　　恒大地产 2010 年新增土地储备 5100 万平方米，总费用 331 亿元。业内认为，恒大的土地储备已达 9600 万平方米，可供开发 8～16 年。

　　开发商挥金如土抢地，地方政府土地出让金收入突飞猛进。未来若是国内房价下跌，会不会有房企像"香港置地"一样，因巨资高价收购土地而陷入财务困境呢？

3.2.2 贷款

土地使用权可以抵押给银行获得贷款,对有能力拿地者而言,只要土地到手必赚! 有土地作为抵押,银行也乐于将资金贷给房地产公司。这与同意工厂以其厂房下的土地为抵押贷款无异。——银行资金当然相当一部分就是普通百姓储蓄在银行里的存款。

以土地为抵押从银行贷出钱后,房地产公司是否就将贷款作为在土地上建设住房的资金了呢? ——不完全是。有的将贷款作为拿地资金,通过关系或者参加拍卖会继续抢地。有的甚至会将银行贷款另作他用。

据各公司公布的数据粗略统计,国内主要的 40 家开发商 2009 年年底负债总计 3879.81 亿元,2010 年年底 6035.05 亿元,增加了 56%。

3.2.3 建房

房地产开发公司通常仅需预付少量的款项,就能引得建筑商垫资为其建房。有的建筑商更是在房地产公司大量赊欠自己款项的情况下,继续垫资为其建房。房企拖欠施工单位工程款和供应商的材料款早已演变成行业惯例。

不仅如此,在楼房正式开盘销售之前,甚至在楼房动工之前,更早的会在楼房设计图纸定稿之前,有的房地产公司已经通过内部认购、认购金、意向金、购房押金等各种形式,正式或非正式将部分房子销售出去。所收款项也不一定用于建筑住房。

取得正式的住房销售资格后,有经验的房地产公司会组织一些人,由他们出面将大量住房购下,更有甚者,弄来若干人的身份证明、收入证明等材料,以他们的名义向银行贷款购房。这些我们都留待第 4 章深入讨论。

3.2.4 捂房惜售

2010 年全国住宅总开工量 16 亿平方米,实际销售 10 亿平方米,差额巨大。其原因有多种,如未完工等,不能说全是捂房惜售。有人据此认为,国内房地产投资与销售的严重失衡、全国住宅开始出现供需失衡。

　　保利地产称其 2010 年新推项目销售率均在 80% 以上，但 2010 年年报显示，其地产存货高达 1098.98 亿元，较 2009 年增长 82%。换言之，保利地产尚有近千亿元的房产待销。

　　截至 2010 年 12 月 20 日，北京共有 43 个住宅期房项目获得预售证，供应住宅套数为 13609 套，超过了 11 月的数据，创下年内新高，12 月将成为最近 2 年供应量最多的月份。其中，期房住宅库存达 77338 套；现房住宅达 32107 套。北京住宅库存合计达到 10.9 万套，面积达到 1361 万平方米，创下年内新高。①

　　住宅库存持续上升是预售资金监管新政的效应。据悉，北京预售资金监管政策从 12 月 1 日起实施，住宅预售款必须存入专用账户，优先用于支付项目建设施工，开发商按工程进度分节点领取。一位赶在 12 月 1 日前申请拿证的开发商称，他已经将能拿出来卖的房源一次性拿下预售证。预售资金监管新政让开发商在捂盘惜售和接受资金监管之间做一个选择，挤出了不少的供应。

　　部分楼盘为了赶在预售资金监管前拿证，并没有做好开盘准备，有的拿证了还没有户型图，有的虽然也开盘卖，但是要求全额付款，这些门槛导致购房人无法顺利购房，开盘时间延后。

　　捂房惜售，在房价上涨期的好处显而易见。

3.2.5　圈地

　　近年来对土地占有者而言，土地到手后即使荒芜仍然意味着暴利。以第 2 章提到的由国土部曝光的北京那三宗"闲置"土地为例，可以一窥"圈地"的暴利。在三宗地现场：高墙围绕，场内坑坑洼洼，一片是荒凉。但丝毫不影响这三宗闲置地块增值。

　　资料显示，原定 2004 年 9 月 28 日开工的井田花园专家居住小区项目 C - 6 号地，面积为 4.68 万平方米。2004 年的土地购买价为 1569 万元，楼面价为每平方米 336 元。一晃 6 年过去，2010 年 12 月 27 日，保利地产与北京某房企联手以 8.8 亿元拿下了昌平区沙河镇南一村居住项

───────────

　　① 记者袁玥. 开发商拿证不开盘　北京住宅近 11 万库存量创新高［N］. 新京报，2010 - 12 - 21.

目用地时，楼面价已升至 7619 元。以此楼面价计算，C－6 号地增值超
出 22 倍。

同样以每平方米 7619 元计算，另两宗地块增值也超出 24 倍。

土地成本是住房的主要成本。国外土地成本占比在 25% 以下，国
内房价中土地的成本占了 1/3。高地价会推高房价。反之，持续攀升的
房价会诱导地价节节升高。"囤地"利润在房价上涨时期更是暴利。

3.3

住房公积金也在建商品房

在名义上，住房公积金没有直接参与商品房建设。绝大多数人缴存
的住房公积金并不足以购置一套商品房，很多人必须借助住房公积金贷
款（或银行贷款）。因此，一部分住房公积金以贷款名义，通过购房者
转移到房地产公司账户，成了商品房的建设资金。

近年来，国家出台政策，住房公积金以多种名义参与保障房、廉租
房建设。出发点是非常好的，却由于另外的原因，反而成为推动房价上
涨的一只黑手。关于这一点，我们在随后的章节深入讨论。

3.4

谁在建保障房？

保障房的全称是保障性住房，是与商品房对立的一个概念。国外一
般将保障性住房称为"公屋"，商品房称为"私屋"，这样更容易理解
这两种住房的所有权区别。

商品房之所以是"私屋"，是因为购置者全额支付了土地使用成本
与房屋建筑成本。保障性住房一般由政府无偿提供土地，承担建设性费
用，所有权归国家所有，有偿或无偿提供给居住者居住。居住权是人的
一项最基本权利。提供保障性住房给无力购买商品房者居住，是国家对
人权的一种保障，是各国政府无法回避的一个责任。

目前，中国保障房的建设资金主要来源于土地出让收益和企业向银

行的借贷融资。根据中金公司的报告，经济适用房和限价房由政府出地及减免税费，由开发商建造并赚取不超过 3% 的利润；而廉租房土地和建设资金均由政府提供，因此廉租房成为对资金需求最迫切的保障性住房，如果资金投入不足，廉租房所受影响最大。

据了解，保障房建设通常有两种模式，一种是由政府负责筹措资金用于建设保障房，开发商仅仅是代建，另一种是开发商自筹资金建设保障房，建成后按照指定价销售或由政府回购。住建部政策研究中心一位专家表示，目前各地保障房建设的主要力量是当地国有房地产企业。

大规模兴建保障房，让中低收入者"居者有其屋"，被誉为美丽的"新加坡模式"。得益于推行以保障房为主、商品房为辅的国民住房政策，在过去的 40 多年里，新加坡政府共兴建了近百万套"组屋"，大约 84% 的国民住进了"组屋"。

2010 年，我国保障性住房建设目标是 580 万套，2011 年计划是 1000 万套，其中包括公租房、廉租房和棚户区改造。

保障性住房难以像商品房一样给地方政府带来可观的经济回报，地方政府缺乏推行的意愿。公租房、廉租房通常会由政府分派指标给市区级国企来做。

3.4.1　经适房 10 年未建成，预亏 21 亿元

据《21 世纪经济报道》报道，2011 年元月北京市"两会"，一份议案直指当前保障房投建领域的亏损现象，引起了媒体的关注。这份由市人大代表、北京住总集团董事长提交的议案，披露了该集团承建的翠城经济适用房项目的一些情况。

1998 年立项，2001 年动工的翠城项目是北京市第一个由政府出面协调、安置拆迁户的经济适用住房项目。位于东四环的四方桥东南，距离 CBD 商圈中心区 8 公里，规划建筑面积为 230 万平方米，17000 余户，总居住人口 5 万人。户型面积 70～150 平方米。2004 年小区一期落成时，项目出现严重亏损。项目遂暂停施工，至今仍有 40 余万平方米建筑面积尚未完工，这批房源的成本已涨至每平方米 6000 元。

类似项目还有朝阳新城项目（至 2009 年年底亏损约 13 亿元）和亚

洲最大的经适房小区回龙观项目（预亏 10 亿元）。是什么原因造就了政府高度关注的保障房项目的巨额亏损呢？

一个重要原因是，拆迁成本的大幅上升。翠城项目需要建设单位自行拆迁。过去十年正是北京楼市狂飙的十年，房价上涨使得拆迁费用逐年上涨。按立项时的拆迁成本预算，每平方米约 5000 元，2004 年上升至 1 万元，到了 2008 年附近地块的拆迁成本已升至 2 万元。

二是房屋销售价格。2011 年 1 月 20 日，记者了解到，入住满 5 年的翠城早期经济适用房已经上市交易，每平方米约 2.5 万元。周边的商品房每平方米约 2 万元。然而，仍在施工中的翠城最后一期经适房，交付房价仍为 1998 年立项时的 3180 元。一套相同面积经适房与商品房的价格差距在 100 万 ~250 万元！

北京市住建委核定的翠城项目亏损额约为 21 亿元。业内人士表示，经适房和限价房项目利润率一般在 8% 以内，如果施工进度缓慢，很容易陷入亏损。21 亿元是按 2010 年的价格核算，如果按 2004 年的价格或者未来房价下跌，亏损就没有这么巨额。

——若以第 9 章讨论的"中国模式"运作上述保障房项目，必将转亏为盈！

3.4.2　资金有时由开发商垫付

自筹资金建设保障房的开发商面临较大的风险，往往会因为各种问题不能按计划完工，资金占用比较严重。问题出在少数地方政府不能如期回购或发放房源，导致占用资金不能及时回笼。

《华夏时报》2010 年 12 月报道，在 2010 年 1 月的某座谈会上，市委书记表示，2009 年该市进行了 1000 亿元的土地一级开发，2010 年将继续搞 1000 亿元，50% 要建成包括限价房、经适房和廉租房在内的保障性住房。"为了完成这一目标，政府将把一级土地出让收入的一半以上，约 300 亿元返还到保障性住房的建设当中。"

数据显示，2010 年该市土地出让金可望突破 1600 亿元。业内人士称，不要说 50%，就是拿出 20% ~30% 的土地出让金用于保障房建设，在国内绝对算是天量投入。

年关将至，记者向该市财政局询问返还保障房的土地收入情况，得到的回复是不知情。但据市财政系统的知情人士透露，前 11 个月返还比例不到 20%，离承诺的数额相差较远。

不过，该市保障房建设进度似乎并没有受影响，原计划于年底完成的 4.6 万套保障房，竣工时间却提前到了 11 月底。

政府投入资金放缓，保障房竣工的数量和进度却大大超前，哪来的钱？一位负责保障房建设的国企老总道出了其中原委：绝大多数的建设用款都是开发商垫付的；保障房是政治任务，不建不行，大部分资金都要由开发商垫付。

3.4.3　与商品房"捆绑"

有媒体报道，在个别地方某些成交的地块中，出让条件中明确要求配建保障性住房。例如，富力与某公司联手拍得的某市某地块，被要求配建 3 万平方米公共租赁房。

对这种行政性的"捆绑"要求，一些业界人士认为不妥。原因是，建设经济适用房和两限房，开发商只能拿到 3% 以内的管理费和代建费，这还没算上开发商贷款的利息支出，不赔本就不错了。

保障房建设资金不及时到位，开发商面对政治任务唯有勉力而为，容易诱发偷工减料，而保障房建设占用的资金可能产生的利润，就被开发商转嫁到商品房，从而拉高房价。

3.4.4　保障房建设本不该缺资金

根据财政部《廉租房保障资金管理办法》，保障房建设资金八项来源中，主要为不低于 10% 的土地出让净收益，另外是住房公积金增值收益计提贷款风险准备金和管理费用后的余额。

业内人士分析称，按财政部的数据，2009 年全国土地出让收入为 1.4 万亿元。以上海为例，市中心城区动迁成本较高，土地出让收益率约 20%，而闵行、松江等较偏远区域收益率约 40%，而在二、三线城市则更高。以 30% 的收益率计算，2009 年全国土地净收益约 4200 亿元，10% 是 420 亿元。但统计数据显示，实际上用于廉租房支出的仅为

187.1 亿元。[①] 审计署发布的 2010 年审计报告指出：2007～2009 年，有 22 个城市自行降低廉租房保障金提取比例，共计少提 146.23 亿元，一些地方甚至存在套取、挪用廉租住房保障资金等问题。

2010 年全国土地出让金收入 2.7 万亿元，几乎比 2009 年翻了一番，保障房建设更不缺资金。

有人不禁会问：该支付给开发商建设保障房的那部分土地出让净收益、住房公积金增值收益又用在了哪里？目前的保障房中用于租赁的数量非常少，绝大部分是以低于市场的价格销售，有一定的利润，这笔利润和本金又去了哪里呢？

进一步的问题是，若不增加国家保障房支出，如何将保障房建设规模成倍扩大，让更多的普通百姓居有其所呢？——我们将在第 9 章讨论如何将保障房建设规模"放大"三倍的问题。

3.5
保险公司在行动

房价节节攀升，房地产开发的暴利，吸引了各行各业的目光，建房大军日渐壮大。各类逐利资金如潮水般涌入中国的房地产行业。

2010 年 9 月《保险资金投资不动产暂行办法》发布，保险资金投资不动产正式开闸，数额庞大的险资开始涉足房地产领域，引起了业内高度关注。据该办法，保险资金投资不动产的比例为上季末总资产的 10%，同时规定了"三不"原则：不能直接从事房地产开发建设、不得投资设立房地产开发公司或投资未上市房地产企业股权。

诸多限制使得投资自用办公楼成为保险机构进军房地产业的主要形式。近年来，北京的金融街和 CBD、上海的陆家嘴、深圳的福田区，已成为保险机构最热衷的购楼地域。从 2006～2009 年，保险公司购买的写字楼面积已超过 120 万平方米。

保险资金迅速掀起了新一波购楼热浪。2010 年 9 月，平安集团旗

---

① 上海保障房大跃进调查．网易财经．

下平安信托买下成都中汇广场，作为自用办公楼。2010 年上半年，平安信托在房地产方面的投资规模 204 亿元，年底预计将达到 260 亿元。

10 月，中国人民保险集团以股权收购的方式购置了原首都时代广场（西长安街 88 号大楼），总支出 37.44 亿元，作为集团新的总部办公大楼。首都时代广场占地 1.31 公顷，总建筑面积 12.2 万平方米，包括 5 层商场、10 层办公楼和 400 个停车位。按其规模，分析人士估计，人保总部迁入后，会延续"自用 + 租赁"模式：一部分自用，一部分出租。此模式被认为是险资"曲线"或"变相"投资房地产。①

业内评为"史上最庞大的土地投标"的北京 CBD 核心区 6 宗地块在 2010 年出让，不仅引来众多地产大鳄，还吸引了诸多金融机构，多家保险公司身影闪现其中。在中服地块出让竞标现场，泰康人寿与标准投资集团联合体、阳光保险和阳光财险联合体参与竞投 Z3 地块。生命人寿和联通的联合体竞标 Z4 地块。安邦财险、和谐健康险和标准投资集团组成的联合体则竞标 Z5 地块。安邦财险、生命人寿、安邦人寿和标准投资集团组成的联合体竞标 Z6 地块。

中国太平"曲线"购地，斥资 2.16 亿元购入深圳福田燃机电力公司 30% 股权。据了解，该原计划设置燃气发电机的地块将整改为高端产业用途。中国太平明确表示，意在分享该地块的资本增值及租金收入。

泰康人寿在中国美术馆南侧拿下一块综合性用地，用于写字楼、商场和展览拍卖馆。

中国太保则瞄上了上海世纪商贸广场。

金融机构大规模投资地产业酿成不良后果的事例并不鲜见。第 2 章介绍过，20 世纪 80 年代，日本金融机构参与炒卖土地和房产，迅速推高地价与房价，加重了房地产的泡沫程度。泡沫破裂后，日本经济萧条了 20 年，一些巨型企业在危机中大幅亏损，破产倒闭。1989 年三菱公司耗资 13.73 亿美元（2188 亿日元）高价收购美国洛克菲勒中心，轰动全世界。当日本房地产泡沫破裂时，三菱公司财务陷入危机，不得不将洛克菲勒中心低价出售给原主。一买一卖之间，亏损 1000 亿日元。

---

① 俞燕. 八家保险公司集体亮相中服地块竞标现场［N］. 第一财经日报，2010 - 12 - 21.

在国内，1993年海南房地产冷却，积压资金800亿元，仅四大国有商业银行的坏账就高达300亿元。据统计，×行处置的不良房地产项目达267个，现金回收比例不足20%。有的银行的不良贷款率高达60%。一海之隔的广西北海，沉淀资金高达200亿元，以当地人口10万人为基数，人均20万元。

有消息称，阿里巴巴（IT）、巨人网络（IT）、苏宁电器（家电连锁）、华谊兄弟（影视）等非房地产行业巨头，2010年12月巨资成立房地产基金，开始涉足房地产行业。

3.6 农民工

不论是商品房，还是保障房，都必须一砖一瓦建筑。完成这些作业的主力军是农民工，一般细分为电工、木工、漆工、瓦工等工种。

房地产开发项目大量增多，就会出现农民工需求的爆发式增长，手艺好的农民工供不应求，工资水涨船高。那些打下手的小工，无论多辛苦，一天最多也就百来块钱。

瓦工也分多种。老王是黑龙江人，当瓦工20多年，外出打工近10年了。这次随老乡来到北京，为的是完成北京城铁生命科技园的铺路工程。

手艺好的农民工被称为大工，工资较高。有时一天能拿五六百元。2010年工钱涨得特别厉害，预计一年会有10万元收入。2009年一天最多能挣300。不仅北京，全国各地建筑工地的农民工薪水普遍较2009年有大幅度的上调。

建筑工地农民工最低日薪100元左右，月收入最低2000元；最高日薪达600元，月收入过万。据社科院社会学研究所2011年《社会蓝皮书》显示，受调查的本科毕业生平均签约月薪2703元。可见，一部分农民工的收入远高于大学毕业生。不言而喻，当前建筑业农民工的高收入受益于房地产行业的狂热。一旦房地产泡沫破裂，建筑业农民工或会陷入找不到活干的困境。

房地产的高利润引来大量的逐利资金参与，在抢夺农民工的暗战中，开出的工资高，成本就增加，房价随之上涨。

高工资吸引越来越多的农民背井离乡，进入城市，放弃了祖传的种植、饲养，造成市场上粮食、肉类供应量的大幅减少，导致农产品价格的上涨。由供应者转变为消费者的农民增多，更会加剧农产品价格的上涨。

宅基地转为耕地，在统计上有意义，短时间内却并不适合耕种。各地"城中村"和城郊结合部的土地拆迁转变为房地产开发用地，扩大了市场上农产品价格的涨幅。"城中村"房前屋后的狭小空地，以有关部门的统计标准衡量不算耕地，却被用来种植了果树、玉米、红薯、蔬菜，满足居民的一部分需求。城郊结合部的土地更是城市需要的蔬菜、瓜果、粮食的重要种植地之一。

市场中商品价格迅速上涨，经济就步入通胀周期。引起通货膨胀的原因众多，因素复杂。房地产行业的不健康发展是一个不容否认的力量。

3.7
"土地财政"危害深远

一些学者指出，房地产业拉动了 50 个左右相关产业的发展，对 GDP 的贡献约有 11%，加上 14% ~ 15% 的间接贡献，房地产对于国民经济的贡献超过 25%，对税收的贡献更是超过 35%。中国经济早已经被房地产高度"绑架"了。

房价持续攀升、居高不下，普通百姓怨声载道。媒体普遍认为，土地财政"罪不可恕"。个别地方政府以土地参与房地产行业，巨额的"土地出让金"收入就是其赚取的暴利。

近年，各地土地出让金收入大幅增长。北京、上海、大连三地已进入"千亿俱乐部"。据国土资源部统计，全国土地出让金收入，2006 年只有 7000 亿元，2007 年接近 1.3 万亿元，2008 年 9600 多亿元，2009 年是 1.59 万亿元。业内曾预计，2010 年有望突破 2 万亿元，结果达到

2.7 万亿元,同比增加 70.4% (出让的土地面积增加 23.08%)。2010 年全国财政收入是 8.1 万亿。土地出让金收入占财政收入比重达 33.33%,2009 年是 23.2%。

以北京为例,2010 年土地出让收入 1636.72 亿元,占全年地方财政收入的比例高达 69.53%。除了房地产,中国还有很多行业,像采矿、石油、冶金、钢铁、汽车、家电、食品、医药等,房地产业占比如此之高,那么其他行业是怎么回事呢?

3.7.1 拆迁利润

《中国青年报》2010 年 4 月报道了一件怪事:一份政府文件有三个版本——××市国土资源局公文相互"打架"。××市原高井社区 178 户居民因土地征迁问题,联名将市国土资源局征迁办告上法庭。原告代理律师提供的"161 号文件"与被告代理律师提交的文件虽然文号相同,但内容差异很大,而市土地档案馆归档的"161 号文件"又出现了第三个版本。

一个文件为何会有三个不同的版本呢? 经比对发现,根据不同版本计算,原高井社区的居民得到的安置补偿金额完全不同。另据了解,2006 年 10 月,××市政府发布征地通告,征用高井社区 300 多亩耕地,每亩补偿不足 3 万元,非耕地补偿减半。两个月后,在当地媒体刊登的挂牌出让公告里,这块土地的起拍价平均每亩约 60 万元。

3.7.2 "农民上楼"

各地"农民上楼"的报道屡屡引来媒体和民众的热议,这场"运动"遍及全国 20 多个省、市。和平时期大规模撤并村庄"古今中外,史无前例"。一些地方拆村并居的目的十分明确,就是将农民的宅基地复垦,用增加的耕地换取城镇建设用地指标。有记者调查发现,很多地方违背农民意愿,强拆民居拿走宅基地,宅基地转化后的增值收益,被权力和资本"合谋"拿走了。

有研究者认为,一些地方"农民上楼"的做法抹杀了国有土地和集体所有土地的区别。农村宅基地置换城市用地指标等于把大量集体土地变成了国有土地。农民宅基地是集体所有，由农民家庭世代享用，是农民最基本的财产。个别地方只按被拆房屋补偿或置换楼房，宅基地并未得到合理估价。这等于只给予农民住房的权利，剥夺了农民的土地权益。住房权和土地权是完全不同的财产权，宅基地和耕地一样，是农民世世代代赖以繁衍生息的基础。农民合法拥有宅基地，不仅受法律保护，而且是中华民族千百年流传的习俗。

少数地方政府和开发商热衷于"农民上楼"，看中的是土地置换后的增值利益。这部分利益是以侵占农民的土地权益为代价的。具体例子将在第 7 章介绍。

3.7.3　土地拍卖

2010 年年初，各地纷纷制定了全年土地出让计划。北京市计划供应 2500 公顷住宅建设用地，天津 1740 公顷，上海 1100 公顷。截至 2010 年 11 月，北京市已完成全年供地计划的 49%，上海、天津分别完成了 147%、158%。

至 11 月，上海已出让 560 宗土地，出让金为 1448 亿元，早已超过 2009 年全年的 1024 亿元。天津 2010 年在土地市场上的表现也异常抢眼，截至 12 月上半月，已经实现土地收入 860 亿元。数据显示，至 11 月 22 日，重庆通过卖地共取得约 326 亿元收入，约占当年财政收入的 1/4。

业内人士指出，地方政府土地出让收入的大幅增加，不是由于土地出让面积的增多，而是得益土地价格的暴涨。如武汉、南京等市 2010 年住宅用地出让面积同比增幅不到 20%，出让金的收入增幅却超过 125%。

开发商疯狂高价抢地的后果是，土地价格大幅飙升。水涨船高，楼面地价被土地价格推高。统计发现，2010 年北京市成交的居住用地平均楼面地价为每平方米 7968 元，同比增长 30%；天津 1897 元，增长 34%。[①]

---

① 于萍，王锦. 开发商挥金如土抢地　京津沪卖地收入将超 4000 亿 [N]. 中国证券报，2010 - 12 - 29.

3.7.4 "土地财政不可持续"

2010 年 12 月 27 日《人民日报》发表署名"于猛"的长篇文章《土地财政不可持续》。数日后，央视也就土地财政问题采访了多位专家。现摘要部分观点和数据，供参考。

"土地财政"是指地方政府依靠出让土地使用权的收入来维持地方财政。在一些地方，"土地财政"成了名副其实的"第二财政"，甚至成了财政收入的主要来源。房价居高不下的重要原因在于有些地方为获取高额的土地出让金，采取种种措施，推高地价、推升房价。有舆论称，"土地财政"是高房价的罪魁祸首，"土地财政"不除，房价下不来。梳理"土地财政"的来龙去脉，厘清利弊，寻求治本之策，不仅关系到房地产市场的长期健康发展，也关系如何防范地方财政和金融风险。

近年，各地土地出让金收入迅速增长，在地方财政收入中比重不断提升。2009 年达到 1.5 万亿元，相当于同期全国地方财政总收入的 46% 左右。在有些县市，土地出让金占预算外财政收入比重已超过 50%，甚至占 80% 以上。算上以土地作为抵押的银行贷款，地方政府的实际可支配收入会更多。据银监会统计，截至 2009 年年底，地方政府融资平台贷款余额为 7.38 万亿元。卖地收入是还贷的主要来源。

拍卖槌一落，少则几亿元多则几十亿元、百亿元的收入就来了，土地整理一下，就能到银行换取大量贷款，哪个地方能拒绝这种"快钱"的诱惑？要做大 GDP，彰显政绩，恐怕没有比围绕着土地做文章更短的路径了，越来越多的地方走上了以"经营土地"来"经营城市"、"经营发展"的道路。在"土地财政"模式下，难免产生高价地进而产生高价房，有悖于国有土地为全民所有这一基本属性。客观地说，十几年来，"土地财政"对缓解地方财力不足、公共品供给融资难，创造就业机会和提升城市化水平等都有很大促进作用，功不可没。

"土地财政"的利益连接机制最为人诟病，事实上造就了"征地－卖地－收税收费－抵押－再征地"的滚动模式，地方政府、开发商、银行成为最大的受益者。

　　要获取较高收益，就要压低补偿标准征地，通过拍卖等方式高价出让。几万元一亩征地，几百万元甚至上亿元卖给开发商，征地与卖地之间的巨额利润，让不少地方违规违法用地时有发生，农民"被"上楼现象频频上演，权益得不到有效保护，耕地保护也面临空前压力。征地之后土地增值收益，开发商拿走 40% ~ 50%，城市政府 20% ~ 30%，村级组织 25% ~ 30%，而农民拿到的补偿款只占 5% ~ 10%。有评论称，在一场"为上楼"运动中，农民端着金饭碗喝稀饭。房地产业是这一模式的下游出口，城市购房者最终为高房价"埋单"。

　　"土地财政"还造成资金过度流向房地产领域，不利于优化经济结构。没有哪个国家可以依靠房地产来实现国富民强。卖一块地就可以获得很多钱，但这种方式是不可持续的，因为没有那么多的地一直卖下去，经济的发展要靠实体经济，如果政府过度地依赖土地的收益，就会忽视了实体经济的发展。

　　地方政府土地抵押收入的增长，则加大了金融风险。审计署审计的 18 个省、16 个市和 36 个县本级，截至 2009 年年底，政府性债务余额合计 2.79 万亿元。从债务余额与当年可用财力的比率看，有 7 个省、10 个市和 14 个县本级超过 100%，最高 364.77%。这些贷款很大一部分依靠土地出让收入来偿还。一旦房价大幅下行，土地价格必定下降，银行、财政所承担的风险显而易见。

　　地方政府也有苦衷。自 1994 年实施分税制后，地方政府的财政收入占整个财政收入的比重逐年下降，从 1993 年的 78% 下降到 2004 年的 42.7%；但地方政府的财政支出占整个财政支出的比重却没有相应变化，一直在 70% 上下波动。

　　为加强土地出让金的管理，2006 年国务院下发了《关于规范国有土地使用权出让收支管理的通知》，要求将土地出让收支纳入地方预算。2010 年 4 月，审计署公布报告称，有 11 个市的 674.81 亿元土地出让收入管理不规范，占征收总额的 20.1%。

　　国务院发展研究中心副主任韩俊在采访中表示："这卖地卖了这么多钱，这个钱干什么用了，你到很多地方调研，卖地卖了多少钱，是一清二楚的。你要问卖地的钱干什么了，很多地方不愿意告诉你。"

土地既然是全民所有，土地出让收入自然应该全民分享。

3.8
房子的税负和收费

2008 年 3 月 8 日，北京市某小区迎来了一个特殊的"调查团"，成员是 10 位全国政协委员。根据开发商提供的数据，该小区房屋平均价是每平方米 23000 元。其中建筑成本约占 3500 元，土地费用约 6000 元，各类税费约 10000 元。此前，这些政协委员辗转重庆、四川、安徽、江苏等地，对多个房地产项目的费用成本进行了广泛调查，结论基本一致。

调研发现，房地产开发过程中所征收的费用，除了土地出让金和双重配套费外，还要收取蓝图审查费、规划设计费、人防费、工程造价咨询审核费、室内空气检测费、劳务咨询费、职工培训费、安全施工措施费、散装水泥推广费、预售许可证服务费、房屋面积界定费、房价审查服务费、管线综合竣工图设计费、电力委托费等 50 余项，总体费用占全部开发成本的 15%～20%。这些收费涉及规划、市政、环保、绿化、城管、消防、人防、地震、气象、教育、文物、水利、安监等 20 余个部门。据称，收费多的城市各项费用总计可达上百种。

有开发商透露，有的房产项目光卷宗上的盖章就 100 多个，盖一个章就要花一笔钱。有业内人士爆料，如果发展商与政府"关系较好"，不少费用是可以减免的。经了解，有些行政性收费并不是公开征收的，比如招标评审、开发审批性质的费用，其征收办法无处可查。例如"蓝图审查费"，其实就是开发商将图纸送交相关部门审核时缴纳的费用。这个审核就是看一看而已，这一看，收费就是几十万甚至上百万元。

全国工商联于 2009 年递交全国政协的《全国工商联房地产商会关于我国房地产企业开发费用的调研报告》显示，九大城市房地产企业需缴纳的税费占总成本的 26.06%，占总支出的 19.06%，占总销售收入的 14.21%。此结论引起了社会的广泛热议。

2011 年元月，《理财一周报》刊发记者曹怡婷的文章，就"房子"

涉及的税款、收费做了较为系统的梳理。

房地产相关税种共有 12 项：营业税、企业所得税、契税、个人所得税、城市维护建设税（城建税）、耕地占用税、房产税、印花税、土地使用税（城镇土地使用税）、土地增值税、资源税、教育费附加等。注意，其中的房产税有别媒体热议的"房产税"，是以 1986 年实施的《中华人民共和国房产税暂行条例》为征收依据的（参见第 7 章）。

从个人来看，房地产相关税收主要集中在交易流通环节，即在购买一手商品房时所缴纳的契税（还需缴纳配图费、交易手续费、权证登记费等费用）等，以及购买、出售二手房时需要缴纳的营业税、契税、印花税等（还需缴纳登记费、抵押登记费等费用）。此外，个人在租赁房屋时也需缴纳房屋租赁税等税费。

重庆市政协副主席陈万志表示："据抽样调查部分项目的税费，占到房地产价格的 30% ~ 40%，税种设置繁杂、征收环节多，一定程度上推高了房价。"开发商所付出的所有税费最终会通过房价转嫁给消费者。全国政协委员、清华大学经济学研究所副所长蔡继明曾对媒体表示："目前地价和政府征收的税费占据了房地产价格的大部分，估计是在 50% 以上，剩下的建筑成本其实很低。"

记者通过某项目的《项目成本收入估算明细表》发现，缴纳的各项税费总额为 689845244.40 元（约 6.9 亿元）。该表罗列了各主要税费占销售收入的比重。计算发现，该项目所缴纳税费约占销售收入的 13%，土地成本占销售收入的 35%。

按现有的收费标准，购房者支付的房款中有多少是税费呢？

以总价 100 万元房子为样本，上海财经大学教授胡怡建算了一笔账。在房地产开发成本构成中，土地成本、建安工程、市政工程占比最高，"土地成本在上海至少要占房价的 40% 左右，建造成本约占 30%，也就是说 100 万元的房子里面有 40 万元是用于支付土地出让金，大概 30 万元是用来付盖房子的成本，这样就占掉了 70 万元的房款。"

在各项税费中，营业税及其附加税、企业所得税、土地增值税是较为主要的几项："营业税按照销售收入的 5% 计算；教育费附加及城建税（这两项通常被认为是营业税附加税）合计占营业税的 10%，即为销售收入的 0.5%。企业所得税在征收时分为预征和清算两个环节，预征时是假定企业利润可占销售收入的 15% 进行征收的，该项即为销售收入的 3.75%；土地增值税较为复杂，在实际操作时各项目预征率不同，如果以平均预征率计算，约为销售收入的 4.5%"。仅此三项税种就约占项目销售收入的 13.75%，再加上企业所需缴纳的契税、印花税等，各类税费之和一般在 15% 左右。

　　大致可以得出结论，100 万元房款的大体走向是：40 万元属土地成本，30 万元归于建筑成本，15 万元为各项税费，剩下的 15 万元为企业剩余。

第4章

谁在买房?

房价持续攀升、居高不下，城镇居民的自有住房率已经达到80%，但住房销售量仍然大幅增长，说明国内的购房力量不容小觑。

　　自2002年以来，中国房价一路高涨。源于清华大学金融研究中心的数据显示，2004年全国平均房价为每平方米2549元，2009年4474元，上涨76%，年均涨幅15%。北京从4747元涨到13224元，涨幅179%。上海由5761元涨到12364元，涨幅115%。

　　统计发现，北京、上海、广州、深圳四大一线城市2010年新建商品住宅价格同比大涨，涨幅最小的是广州，同比涨23%，涨幅最大的是北京，42%！2010年，北京平均房价已到2万元，上海是2.4万元。

　　有研究机构统计了全国30家主要的房地产开发商的数据，2010年全年销售额累计8691亿元，销售面积8449万平方米。以此计算，销售均价为每平方米10286.42元，同比上涨了23.98%。《2010年度中国房地产企业住宅销售排行榜》显示，全国近40家房地产开发商闯入百亿元行列。万科以1026亿元创纪录的销售业绩和847万平方米的销售面积称冠。恒大地产在2009年581万平方米的基础上，大增43%至831万平方米，荣登销售面积排行榜亚军，销售额527亿元。保利地产则以660亿元的业绩位列销售金额榜亚军。绿地集团囊括销售金额和销售面积季军。

　　国家统计局数据显示，2010年1～11月，全国商品房销售额为4.23万亿元，同比增长17.48%。根推算，2010年销售额可能达5.3万亿元，再创历史新高。2009年是4.4万亿元。

　　资料显示，2009年全国保障性住房建设规模约为260万套，2010年为580万套，2011年计划高达1000万套。仅这三年的数据，保障房就有1840万套，平均每10个家庭1套。

　　中国社会科学院是国内最权威的研究机构，其2011年《经济蓝皮书》指出，2010 年城镇居民人均可支配年收入约 18900 元，农民工年均工资 19200 元。按城镇居民每人 30 平方米和农民工家庭人均 20 平方米，以及城镇居民和农民工家庭每户分别有 3、3.5 人的指标计算，房价收入比分别为 8.76、10.06。其中，城镇居民房价收入比较 2009 年的 8.3 上升了 0.46。有 85% 需要购买新住宅的城镇居民家庭无力购房。

那么，国内强盛不衰的购房力量是如何汇聚而成的呢？

4.1

购房众生相

越来越多的年轻人加入了购房大军，购房低龄化趋势明显。据统计，2010 年 30 岁以下人群购房所占比例为 38%。首套房贷者的平均年龄，北京只有 27 岁，日本和德国是 42 岁，法国 37 岁，美国 30 岁。

国内某网站调查发现，44% 的网友初次购房年龄在 26～30 岁，30% 的网友是在 20～25 岁，11% 在 31～35 岁。另据 "2010 中国城市健康状况大调查"，对 4 万多个样本调查后发现，"房奴" 呈年轻化趋势，26～30 岁之间的青年成国内购房大军的主力。"居者有其屋" 的传统观念，以及 80 后无房不婚的家庭需求，再加上受房价高和租房贵的挟持，是年轻人急于买房的主要原因。

4.1.1　为结婚买房

一些妙龄少女宣称："男人有房，什么缺点都可以原谅。"

许多步入婚龄的男子感慨："没房子很难找女朋友，没房子谁嫁你啊？"

一些青年女子更是宣称："不嫁无房男！"

因结婚而买房是以居住为目的购房人群中的重要组成部分。据统计，结婚购房需求占到总购房人群的 1/4。结婚的确可以成为购房的一个正当理由。结婚成家，是人生旅途中一个里程碑。如果工作稳定，经济条件允许，在结婚的时候购置一套房子为家是非常应该的。若是初入社会、工作年限短则不然，尤其是一部分家境贫寒的青年是不该过早结婚的，购房更会加重自己和家人的经济负担。想一想，由于家里收入不高，父母供我们完成学业已经含辛茹苦多年，早早结婚，购房又要父辈资助，于心何忍？

有一个极端的例子。人民网 2010 年 12 月 21 日报道了一起"大学毕业生买不起房锤杀准丈母娘"的案例。文静、孱弱的"85 后"大学毕业生李×，和许多刚刚毕业的大学生一样，经历了找工作不顺、考研失败、考公务员失利等一系列打击，被视为全部精神寄托的女友更婉转相告："妈妈不同意两人的事，男朋友起码得工作稳定、在南京买得起房……"

2010 年 6 月 30 日清晨，在安徽芜湖找了一个星期工作未果的李×，独自待在宾馆的房间里发愁。想到工作无着，相恋多年的女友之母嫌自己工作不稳定、在南京买不起住房，他对女友的妈妈有了怨恨……电视里正播警匪片，镜头里一个男人正举起榔头去敲别人的头……满腹怨恨的李×离开宾馆，买了羊角锤，坐最快一班火车赶到了南京。

下午 2 点，李×赶到南京见到了准丈母娘，两人认真地谈了一个小时。李×说了自己对女友的感情，还有自己的家庭状况。杨妈妈询问了李×在芜湖找工作的情况，说了对女儿和李×谈对象的看法。在杨妈妈看来，自己嫁女儿的要求无非是"有稳定的工作，能在南京买一小套房"，这些都是最起码的。

说完，杨妈妈起身到厨房去切菜。李×跟到厨房，斜倚着门框，继续和杨妈妈谈。李×心里明白，自己欲在芜湖找工作都那么困难，又哪里有能力在南京买房？突然，绝望的李×从裤子口袋里掏出羊角锤，冲过去，朝着杨妈妈的脑袋砸了下去……

经法医鉴定，李×在杨妈妈的头部留下开裂伤 20 多处，构成重伤。

4.1.2 排队购房

许多人在抱怨国内高房价，意识到房价可能会下跌，却又奋不顾身地加入抢购住房的队伍。一些购房者与开发商之间甚至酿成暴力冲突。

2010 年 12 月 11 日晚 11 时许，陕西西安市数百市民携带着暖水瓶、军大衣、小板凳，围聚在某酒店门前排着长队，只为"领号"买房。

12 日墙上贴出"排号购房活动取消通知"。上千名被销售方通知来排队领号的有意购房市民在寒风中等了一天一夜，结果却是一场空。几百位市民不愿就此离去，情绪激动地大声讨论、质疑、谩骂、诅咒。在现场，一位赵姓男子被购房者围住，他自称是销售现场安全负责人，而购房者纷纷指认是他发的号，让大家排队领取预售号。

该房地产开发公司销售部张经理说，销售的房屋是期房，五证尚未办齐，均价为每平方米 5680 元，12 日上午 8 时许才开始发号，没想会有这么多人来。

西北的这一幕有南疆的另一幕遥相呼应。2010 年 12 月 18 日，昆明市天骄××开盘，"准业主"在售楼处大量抛撒纸钱，以花圈"赠"给地产公司主要负责人，抗议示威，表达对开发商行为的强烈不满。大量保安守候在选房区外。市公安局派出大量警力到现场维稳，以避免再次出现 12 月 1 日和 4 日的涉案双方暴力冲突的事件。此前曾发生"准业主"在售楼部打砸沙盘模型，投掷番茄、鸡蛋的事件。

事件的起因是，2009 年 11 月，天骄××认购之初打出最低售价每平方米 3660 元、均价 4300 元的广告，并承诺如开盘时提价，团购房价不变。当时周边的二手房价格已在 5000 元以上。上万名团购者缴纳了 2 万～30 万元不等的意向金预订房源。但是，2010 年 12 月 18 日项目开盘时，出售均价达 7600 元，超出之前公司承诺的 4000 元团购价一倍！

据昆明市某执法局调查，"天骄××"项目 2010 年 2 月 8 日取得《国有土地使用权证》，11 月 10 日取得《建设工程规划许可证》，11 月 26 日取得《商品房预售许可证》。但在这些证照办理齐全之前，开发商就已与 67 个单位、5090 人签订了房屋团购协议，收取了 3.56 亿元的购房意向金。

——注意媒体报道的这两件新闻中的一些细节，不难明白：西安的开发商通知大批有意购房者来排队领号，而销售的房屋"五证尚未办齐"，又将排号购房活动取消，根本就是一个"局"；昆明的开发商广告宣称低房价，收取 3.56 亿元的订房意向金，开盘房价大幅提高，意在阻止交了意向金的订房者购房（天骄××当然不可能有上万套房子可供出售）。

　　根据有关法律法规，未取得商品房预售许可而擅自预售商品房的应处以没收违法所得，并处已收取的预付款1%以下的罚款。住房销售监管关乎百姓购房安全，对未批先售、制造虚假信息、操纵市场、哄抬房价、违反合同、合同诈骗等行为不及时查处，势必影响社会和谐。

　　房地产的销售广告和宣传资料对购房人起着非常重要的作用，尤其是在预售阶段，房屋仍是在建工程，黎民百姓买房的决策依据就只有广告和宣传资料。一些地方虚假广告、违规广告肆意泛滥。中国房地产企业十强之一的某开发商在长沙的项目广告宣称"投资回报率高达700%，公司及个人投资的最佳选择"明显违反了《广告法》不得使用"最佳"等绝对化用语和"不得出现融资或者变形融资的内容，不得含有升值或者回报的承诺"的规定。而在让人眼花缭乱的宣传材料中，又有如此一行小字更是让人丈二和尚摸不着头脑："本资料相关内容和图片是仅作示意表现。最终以政府有关部门批准的文件、图则为准。经政府批准的详细规划已在销售现场公示。"

　　在一些地方，与其说是需求推高房价，不如说是开发商做"局"拉高房价。

4.1.3　为居住购房

　　在以居住为目的购房人群里，除了因结婚急需购房者之外，占比较大的是拆迁户。由于住房被拆急需购置新住房者，有城市居民，也有被"上楼"的农民。由于习惯居住在自有产权的房屋里，不愿意租房，而拆迁得到的补偿加上多年积蓄，拆迁户具备了一定住房购买力。

　　一些被拆迁的城市居民和被"上楼"的农民在满足居住需求之余，往往将剩余的拆迁补偿款购置房产，无意中成为推高房价的帮凶。北京理工大学杨东平对此有较深入的研究，称之为"拆迁经济学"原理：大规模拆迁→制造购房需求→推动房地产开发→再拆更多的房，如此循环。拆得越多，需求越旺，房地产就越发达。这就是用推土机开路，迫不及待地把大片历史文化街区和古老建筑夷为平地的经济原因。

　　以居住为目的购房人群里，还有一定比例的改善性购房者，他们的需求其实并不迫切。这个群体多数曾在1998年参与了"房改"，有的还分得了面积较小的旧住房。随着时间流逝，他们在单位渐成业务骨干，出任领导职务，收入普遍大增。在就职单位建房无望之余，许多人会动用住房公积金并申请贷款购买面积更大、条件更好的新房，改善自己的居住条件。

2011年2月20日，全国总工会发布了一份新生代农民工调查报告。"新生代农民工"主要是指生于20世纪80年代以后、20～30岁年龄段的农民工。在外出打工的1.5亿农民工中，新生代农民工占60%，约1亿人。问卷调查涉及25个城市（区）1000家已建工会企业，4453个有效样本中，新生代农民工2711人，占60.9%。这一比例接近国家统计局得出的61.6%。

调查显示，新生代农民工受教育时间较长、欠缺专业技能。有高中及以上学历为67.2%，可是接受过专业技术教育（中专、中技、职高、大专、高职）的只有37.5%。就业地域集中在东部、沿海。81.7%就业于第二产业，18%在第三产业。在非公有制企业中的集聚度较高，为84.3%。

新生代农民工整体收入偏低，平均月收入1747.87元，仅为城镇企业职工平均月收入（3046.61元）的57.4%，比传统农民工低167.27元。

新生代农民工59.9%尚未结婚成家，而传统农民工中已婚人数比例为93%。

进城务工的农民，如果年轻，则收入不高，有心购房却缺乏经济能力；那些有经验、有专长的中年农民工收入较高，然而子女读书、赡养老人的负担重，一般不会在城市购置房产。那部分高收入的建筑行业农民工，深知自己的收入是日薪，一年不同一年，更不会冒险购房。

新毕业的大学生，不论是自己硬着头皮买房的，还是岳父母逼着买房的，难以挣脱"房奴"的枷锁。有的"房奴"心中有一种非常可怕的思想："住了再说，将来钱付不出，难道把我赶走吗?"

划分出了购房大军中这些以居住为目的购房者，剩下的就是比例异常庞大的不以居住为目的购买者了。一般称之为投资性需求，或者投机性需求。

4.1.4　小县城抢购"图纸房"

房地产业的高烧早已蔓延至偏远的县域。××县地处大别山革命老区，是国家级贫困县。2010 年上半年，该县城镇居民人均可支配收入6998 元，公务员、教师等月收入1600 元。2006 年普通小区房价是每平方米 700 元，2008 年涨至 1400 元，2010 年突破 2000 元，而今已蹿上3000 元。①

2010 年"五一"前，老周交了五成首付款，办理了县城弦城书苑一套住房的购房手续。但至今未看到楼盘有动工迹象，巨幅售楼广告背后仍是光秃秃一片。旧房子还没拆，地基也没开始打，没影的新房子半年前就已经卖光了。

弦城书苑开卖时价格每平方米 1800 元，引来众多居民抢购。老周好不容易抢到一套。买房后他经常去现场观察进度，可十个多月过去了，不见任何开工迹象，看不到一个工人、一根钢筋、一台吊车。"虽然我连房子的影子还没看到，可房价已经涨到了 3000 元/平方米，再涨就要翻倍了"。老周的心开始悬起来了。楼盘迟迟不开工，项目手续、开发商资金链是否出了问题，已经交了的首付款会不会打水漂，项目会拖延到什么时候？

同在该县的某小高层楼盘，2009 年下半年已卖出大半，如今也不见新房开工，待拆的旧房子依然耸立着，小商贩们继续来来往往，从事着烟酒、粮油、水果等生意。很多楼盘开盘时只有图纸，可仍旧旺销。"2009 年县城西北部某大型楼盘开盘，起初定价不算太高，我花 2 万元定金预定了两套房源，单价 2800 元/平方米，半个月就涨至 3100 元/平方米，根本不用等到交首付款，指标转手出去就轻松净赚 4 万元"。在县城跑运输的小孟有些得意。

拍下一块土地，印出简单的户型图就能吸引大批购房者，收取巨额的预售款（房款）。这种连"期房"都算不上的楼盘蕴含着巨大风险。一旦开发商资金链断裂甚至"跑路"，购房者的房款极难追讨，撂下的

① 钟正. 国家级贫困县热卖图纸房　房价涨到 3000 元/平米 ［N］. 中国证券报，2011 - 02 - 14.

烂摊子很可能最终推给政府。

房价飞速上涨带来的"财富效应"不仅吸引了本地居民，许多在外地工作的人也纷纷在县城投资，蜂拥而来的资金推动了房价的上涨。

4.1.5 "团购"骗局

若干购房者联合起来可以增加与开发商议价的筹码。对于动辄上百万元一套的房子，即使1%的折扣，也能节省不少钱。在房地产市场，本应是消费者自发的团购行为早已变质。

公安机关侦破了昆明市"××生态城"诈骗案。警方发现，项目开发商××投资有限公司是虚报注册资本成立的，楼盘项目是空中楼阁。他们从网上下载户型图，租用五星级酒店大堂作为项目展示大厅，便开始恣意行骗。"××生态城"所在地根本未被纳入征地拆迁范围，开发商连地都没有拿到。[①]

"××生态城"骗局狡猾之处在于以"团购"方式销售，并将政府、企事业单位作为重点营销对象；团购价每平方米比周边楼盘低了2000元，还承诺如果购房者反悔，开盘后公司将以市场价回购——听起来稳赚不赔的买卖令许多人怦然心动。据统计，有40余家单位签订了团购协议。之后，该公司将团购协议大肆宣传，欺骗普通市民。许多人看到众多机关单位参与，打消了心中疑虑，不惜多付数千、数万元"转让费"通过中介公司购买团购单位出让的名额。1400多名普通市民"挂靠"到各单位参与团购。涉嫌诈骗的"团购订金"有3亿元。

商品房预售必须事先依法取得《商品房预售许可证》。对购房者来说，在楼盘未获准预售的时候就交纳订金是十分冒险的行为。

4.1.6 摇号涨价"三部曲"

2010年以来，京城CBD东扩和通州新城规划等概念忽然火爆一时，以往被视为"价格洼地"的东五环外楼盘价格飞涨。小王介绍起当初买房签约的辛酸"三部曲"：2010年的2～3月间，某上市公司"××

---

① 雷成：房产团购暗藏权力寻租　机关等成开发商热衷客户［N］. 中国青年报，2011 - 2 - 21.

一方"二期北×园对前来咨询的购房者报价是每平方米 2 万元,有意者可先报名。约三四周后,当初报名的人被告知,想要买房先需摇号。参与摇号者需到指定银行开户并存款 5 万元。而此时房子的报价已涨至 2.2 万元。

4 月 17 日"××一方"开始网络摇号。摇上的业主一周后选房。小王回忆,据当时销售员的介绍,有 2000 ~ 3000 人在排号。自己最后能被摇中,颇感幸运。没想到,选房当天,房价涨到了 2.5 万元。

所谓的报名、排号,是开发商了解市场需求最常用的方式。参与摇号者众,超出房源数量,开发商必然上调开盘房价。

4.1.7 购房图

《中国住房发展报告 (2010 ~ 2011)》研究发现,2006 年 1 月 1 日至 2010 年 5 月 17 日北京市住宅销售对象,只有 60.40% 为本市居民,35.53% 是外地个人 (或企、事业单位)。在成都,外地人购房踊跃,有人称"外地人买走了半个成都"。海口市 2005 年前三季度外省人购房占比 53%。2006 年厦门出售的商品房 (套数) 有 59% 为外地人购置。2004 年太原外地人购房比例高达 80%,大连是 60%。

我们不难就国内的现状绘制一幅购房图:有能力的农村人在城市购房,有能力的城市人在省城购房,有能力省城人在首都购房。

4.2
房地产投资与投机

在异常庞大的不以居住为目的购买群体里,以投机或投资性购房为主。

房地产投资是一种实物投资,常见做法是购入土地或者房产,等待地价或房价上涨出售,买卖差价就是投资利润。房地产投机的做法与之相似,主要区别是房地产投机热衷短线,追求短时间内暴涨或暴跌。"一夜暴富"是对房地产投机行为的形象概括。

投资是一种理性行为,通常出现在行业低迷时期。有经验的投资者会在行业平稳，价格运行在低位时出手买入，耐心等待房地产热起来，当价格运行至高位时则抛售土地、房产，收回投资，兑现利润。投机是一种狂热行为，主要选择热门行业介入。当价格运行在高位，投资者抛售的时候，投机者仍会冒险购入，寄希望于价格继续上涨。由于地价、房价是从低位涨上来的，有可能继续上涨，也可能掉头下跌。因此，投机行为在很大程度上是一种"赌博行为"。

投资，像给病人补充急需的血液一样，能为某行业注入发展资金，促进行业复苏和繁荣。投机，像火上浇油一样，过多的资金投入会使某行业狂热，加速行业萧条崩溃。

在国内房价的持续上涨背景下，一些人发现几年前购置的房产大幅升值，利润丰厚。不少人发现自己的房产值很多钱，却不能出售，因为自己要居住。有人后悔，当初为什么不在居住之外多购置几套房产呢？另一些人发现，早年购置房产作为投资的朋友赚了大钱，后悔自己当初为什么不购买房产作为投资呢？——很多人忽视了十分重要的三点：一是当初购置房产的人非常少，那是一个房地产平静时期，价格运行在低位；二是现在购置房产的人非常多，是一个房地产热烈时期，价格运行在高位；三是目前出售房产赚大钱的人经历了一个漫长的等待期，长的有十年，短的有三五年。

非居住需求的购房行为越来越多，欲通过买卖房产赚钱的人群迅速壮大。赚了的想赚更多，又将售房所得购置房产；没赚的想赚一笔，一个个出手购置房产。没钱，领取住房公积金；不够，申请住房公积金贷款或银行贷款……供求关系迅速改变，房价迅速上涨。投资、投机性购房者越多，房价推得越高；房价涨得越高，投资、投机购房者越多。房地产行业呈现虚假繁荣。就像吹泡沫，吹的人越多，泡沫越大；泡沫越大，吹的人越多。

一个人只有在购、建、大修住房才能领用自己账户里的住房公积金，离退休后，才能一次结清本息余额。不以居住为目的，仅仅为了买卖房产牟利，领用公积金或使用公积金贷款（甚至导致公积金中心资金沉淀量锐减，"入不敷出"），与住房公积金的设立初衷相悖。在随后的章节我们还会深入讨论，这类行为本质上是（贷款）经商。由此，一部分住房公积金演变成推动房价上涨的黑手。

在 20 世纪 90 年代，上海开始建造商品房时，大多卖不出去。一套 120 平方米的三室一厅只卖 30～40 万人民币。这一两年，随着房价上涨，相同面积的一套三室一厅已经卖到 130 万。

130 万元人民币大约相当于 15 万美元。在美国纽约皇后区，同样面积的公寓价格是 5 万美元。15 万美元可以在美国休斯敦购置一栋新别墅。上海的别墅要 600 万～800 万元人民币。姚明在休斯敦买的别墅折合人民币还不到 400 万元。社科院金融研究所易宪容称，在纽约周边花 50 万美金（340 万元人民币）就可以买一套很好的房子，有很大的草坪。340 万元在北京想买一个别墅，根本买不到。

我们来看一个查证了的"炒房"事件。据人民网报道，2010 年 12 月 31 日××市召开通报会，公布"房票"事件调查和处理情况。"房票门"源于该市工商干部徐某涉嫌以"直改名"的方式，加价 20 万元转让名下一套房产，被当地媒体以"倒卖'房票'"为由进行了曝光。对此，市委、市政府成立房地产领域突出问题专项治理领导小组，在全市开展为期两个月的专项治理。

据清查结果，2009 年该市 25 个楼盘、9235 套对外销售的商品房中，在房屋预订后、正式开盘签订购房合同时改名的有 845 套，涉及 56 名党政干部、事业单位人员。其中，38 人在 11 月 30 日纪委规定的期限前，主动上交不正当收益 302.25 万元，18 人未申报或不实申报。（注：追缴的不正当收益共 503.3 万元。）

××市表示，鉴于对销售楼盘的房地产企业具有审批、监管等职能的有关部门和所属地方党委、政府人员，与普通居民一样，要根据房地产开发商公开预订要求，按房屋面积大小，交纳定金、预定房号，经过一年多房价上涨后，到开盘预售时出现了较大的市场差价。这一事实与利用职务便利为房地产企业谋取利益、收受房地产企业钱物、以明显低于市场价购买房产获利等的受贿定性相比，存在较大差距。为此，对参与的 56 名干部、人员，除收缴不正当收益外，对其中 9 人进行诫勉谈话、9 人责成其作出书面检查、38 人由所在单位纪检组织批评教育。

××市不是省会城市，许多人甚至从未听说过，了不起算一个三线城市。××市"房票门"是一个缩影，将泛滥长城内外、大江两岸的炒房风暴展现得淋漓尽致。在第 2 章曾介绍过，1996 年的时候，想在香港买房，得先花 150 万港币买一个"买楼的号"。"房票"与"买楼的号"有"异曲同工"之妙。

"房票"正是目前国内普遍流行的一种炒房伎俩。透过"房票"之类的表面文章，能看清重重迷雾背后的炒房图，窥见推动国内房价持续攀升的一只鲜血淋漓的黑手。

不难理解，"房票"是一种购房凭证。最紧俏的是那类能够以折扣价（内部价）购房的房票。据有关记者明察暗访，房票一般集中在三种人手里，一是党政干部，二是有实力的中介，三是专门炒房的"黄牛"。有的人拿房票连订（定）金都不用付，是名副其实的"空手套白狼"。这类人主要是对销售楼盘的房企具有审批、监管等职能的有关部门或地方领导或关键人物。中介和"黄牛"要得到房票是要付费的。普通百姓更不可能免费获得"房票"。

"房票"是违规的产物。按有关规定，未取得预售许可证的楼房是禁止预售的。房地产开发商一方面出于市场调查的需要，另一方面出于预收房款的目的，预先暂定一个售价（有的甚至连楼房设计图也未定稿），以押金、订金、定金、意向金、认购金、预订款等各种名目，少则数千、多则数万收取有意购房者的资金，各式各样的"房票"、VIP式的会员应运而生。上面提到的昆明"天骄××"一个楼盘收取的购房意向金就达 3.56 亿元。

待到取得预售许可证，大量的"房票"已经销售（或赠送）出去（根据收入的款项不难估算"房票"销售占比），开发商已经"成竹在胸"，轻而易举就能确定一个利润最丰厚的正式售价，牟取暴利。

这一两年，房价处于上升通道。楼盘的正式售价与推出"房票"时的预售价存在较大的差距。有利可图，趋之若鹜。个别领导、人员在审理房屋开发商有关业务申请时，就会免费索取或打折购买房票。炒房的"黄牛"大量购买房票（量多有折扣）。房地产中介机构更不甘居人后。据查，××市 446 家中介里有 110 家做过"房票"买卖。

为了惠及参与的中介、"黄牛"和有关房票持有者，有的房地产开发商会以正式楼盘售价基准，视持票购房者的身份或购票时间、金额按不同折扣率打折，让他们有"获利"空间。于是，一个个不以购房居住为目的的"房票"持有者——中介机构、"黄牛"和有关领导、人员就根据自己享受的折扣率，收取数万元至数十万元的"转让费"，将房票转让给真正需要购房自住的普通百姓或其他炒房者，由后者凭"房票"购房。

××市的这家房地产公司正是通过类似手段，让持"房票"者获利的。该公司规定房价为每平方米 7000 多元，但必须凭"房票"。无票者不得不接受更高的价格。因此，开发商确定的价格其实是房票持有者的获利底价。这种模式给炒房者预留的获利空间更大，赚多赚少全凭各人的能耐。本事小，找来的购房者接受 8000 元，每平方米赚一千。个别领导能让人接受 15000 元，每平方米就能赚 8000 元。参与的领导、干部成了房地产公司"无名有实"的售楼先生、小姐。

有人或会认为，预先直接向该房地产公司购买"房票"的普通百姓的利益没有受到炒房者侵害。实则不然，试想若没有众多的中介机构、"黄牛"和有关领导、人员购买，索取大量的房票，房价会定为每平方米 7000 多元吗？若房价低于 7000 元（甚至低 5000 元），购房自住的普通家庭自然少支出很多房款。——503.3 万元仅仅是购房自住的普通百姓多付出的房款中的一小部分。

那上万名"天骄××"团购者中有真正的购房自住者，听信最低售价平方米 3660 元，均价 4300 元的广告，缴纳了 2 万～30 万元不等的意向金，到开盘时售价变成 7600 元，买还是不买呢？不买，意向金可能被没收。另外，空等一年，期间又失去多少购房机会？——据最新消息，经有关部门协调，"天骄××"项目方同意对申请退款的购房者按两年定期存款利率给予"补偿"。

助纣为虐的"房票"害苦了需要购房自住的普通百姓！通过类似诡术，普通百姓再多的血汗钱也不足以满足饕餮之欲。若非过量的销售（或赠送）"房票"，形成购房需求旺盛的假象，房地产开发商就不会大幅提高楼盘售价，普通百姓购房就不必花那么多冤枉钱。房价低一点，会有更多的普通家庭有能力购房居住。（上面介绍的北京"××一方"

二期北×园咨询报价 2 万元、摇号报价 2.2 万元、选房价 2.5 万元也是一例。)

对参与的党政干部，仅仅收缴不正当收益，诫勉谈话、批评教育或责成其作出书面检查，够吗？对炒房者心慈手软就是对其行为的纵容。见利忘义、饮食百姓血汗者留在公务员队伍里只会危害社会，损害更多的公众利益。

国内的炒房风究竟有多少级呢？很难找到有关数据，某些消息颇有参考价值。据《经济观察报》报道，即便是经济发达的三线城市，（住房购买者）集中度非常高，主要来自于政府公务员及国企、事业单位工作人员。"此类客户在多数楼盘的购房者中占比 80%"。此类客户群体的住房需求量接近饱和，基本情况是每户拥有多套房。"有些连未成年子女的住房都已经买好了"。

另有媒体报道，某房地产开发公司"千亿销售六成靠回头客"，称该公司业主中重复购买率达 65.3%。每逢新楼盘开盘，老业主都来捧场，人气非常旺盛。文章认为，奇迹的背后是该公司优质的服务提升客户的满意度和忠诚度。——作为读者，有必要透过现象看清本质。优质服务，良好的口碑确实能为企业带来客户，提升客户的满意度和忠诚度。但是，房地产开发公司的产品有其特殊性。在正常情况下，一套住宅可为几代人遮风避雨。一户人家有一套房子已满足居住需求，再添第二套住房已足不时之需。业主不以居住为目的，踊跃购买住房的现象，难道是正常的吗？蜂拥而来的购房人群里有多少是赌房价上涨的投机者呢？

有人会说，购置房产是打算留给子孙的，不在乎未来房价的涨跌。中华民族素有储蓄、购置房产留传子孙的传统，无可厚非。但是，经过第 7 章、第 10 章的讨论会清楚，一套住房居住几十年尚且困难，谈何传世呢？

4.3

冒名贷款购房

冒名贷款购房的案例可追溯到 2004 年。业内人士称之为"套贷"。其时，国内银行缺乏办理住房按揭贷款经验，手续要求比较宽松。不法分子套取银行资金、假按揭一度泛滥成灾。骗贷占用了大量银行资金，容易变成不良贷款；假按揭容易造成房地产行业虚假繁荣，形成经济泡沫。目前，国内持续攀升、居高不下的房价，有没有"套贷"而来的资金在支撑呢？"高烧"的房地产行业有没有"套贷"而来的资金在发挥作用呢？

2004 年 6 月 23 日，国家审计署公布的审计"清单"让人触目惊心：某银行上海外高桥保税区支行向"姚康达"一人就发放个人住房贷款 7141 万元，用于购买 128 套住房。

"姚康达事件"是一桩典型的骗贷炒房案。事过不久，上海的"曲沪平"又引起轰动。"曲沪平"名下按揭购买了 91 套豪宅，贷款金额 4 亿元，有 32 笔贷款抵押登记不实，涉及金额 1.26 亿元。涉案银行怀疑被骗贷，不得不控制部分豪宅的产权，成为"房东"。从时间上看，"曲沪平"案发生在"姚康达事件"之后，说明要防止虚假按揭有多么困难！

"曲沪平"案还出现了"套贷"新伎俩：虚高房产价值。涉案的一套 938.34 平方米住房，买入价 2400 万元，即使按房价涨到每平方米 4 万元评估，交易额也就 4000 万元，而上海某评估公司给出的估值达 1 亿元。按七成贷款额度，这套住房能从银行贷到 7000 万元，扣除真实购房款 2400 万，多出 4600 万元，几乎是房子买入价的两倍！

4.3.1 "套贷"与"工抵"

还原"顺×中国胁迫员工'套贷'案"，就能明白"套贷"参与者承受的危害。据一位涉案员工讲述事件的大致经过：2004 年，顺×上海公司高层圈定了七八名中层干部，胁迫他们买下子公司开发的"阳光××"房产的尾盘，签订买卖合同后向银行申请贷款。这些人唯恐失去工作和职务，被迫同意。申请贷款需要收入证明，作为公司的员工购买公司开发的房子，银行是不会放款，遂以顺×上海公司之名开具收入证明。五人向一家银行申请贷款，三人向另一家银行申请贷款。顺×上海公司承诺，房子卖掉后就解除八人的抵押贷款。岂料，顺×公司后来被收购，停止偿还贷款，银行向法院提起诉讼，事情败露……

顺×上海公司目的是将卖不掉住房抵押给银行，以住房按揭的名义从银行贷出资金，是一种套取银行资金的典型行为。

顺×上海公司不仅胁迫员工"套贷"，还将难以销售的住房（尾盘）做"工抵"，充抵应付给承担住房建设的建筑队的工程款，让工程队挑房子，并订立同样不以真实交易为基础的住房预售合同，由建筑队出面向银行申请贷款，贷出现金之后再结算工程款。

"套贷"以滞销的房产为抵押，以虚假的房产交易为名义，向银行申请贷款，不仅给银行带来经营风险，也给合同当事人埋下祸根。

一名参与"套贷"的员工 2005 年 12 月离开公司，次年因结婚需要按揭购房，由于"阳光××"房产的假按揭未偿还清，银行拒贷。之后，更由于顺×公司停止偿还"阳光××"房产的按揭贷款，该员工被银行诉至法院，因为他是按揭贷款合同中的"借款人"、"阳光××"房产的法律意义上的"房主"。

以"套贷"为主、"工抵"为辅，再滞销的房子也变得"畅销"，通过"虚高房产价值"，再低廉的住房也可以一再涨价。道高一尺，魔高一丈。很难查证哪一个房地产公司存在"套贷"、"工抵"行为，哪一个房地产公司没有类似做法。可以肯定的一点是，"套贷"、"工抵"在国内房地产行业难以绝迹。

房地产商指使员工"套贷"，作用有二：一是缓解资金困难，实现项目的短期销售收益；二是在房价上涨周期，营造房屋紧俏的假象，"捂盘惜售"，谋取更多的利润。问题在于房价不会永远上涨，房地产商还可能出于各种原因资金周转困难。一旦财务陷入困境，或眼见房价开始大跌，无法或不愿正常还款，就会"拍屁股走人"，银行出现大量不良贷款。

收入证明、发票、合同真实有效，又有真实的房子做抵押，银行没有理由拒贷。但是，如果申请者并没有在出具收入证明的单位就职，实际收入也没有收入证明所标示的金额那么高，性质就不同了。房地产开发商"套贷"的违法成本很高。我国刑法规定，使用虚假的经济合同，以非法占有为目的，诈骗银行或者其他金融机构的贷款，可以认定为金融诈骗罪，最高法定刑为无期徒刑。

　　参与"套贷"的一部分人（包括非房地产开发公司）抱有期待房价涨高，将房产售出分一杯羹的美梦，或会惹祸上身，成为最大的受害者。前述顺×上海公司员工的经历就是教训。情节严重的，不仅要承担完全的民事责任，可能还要承担相应的刑事责任。

　　"套贷"出来的资金，又投入新的房地产项目，循环往复，必然造成房地产行业虚假繁荣，形成经济泡沫。

4.3.2　假按揭

　　2008年元月，央视《经济半小时》披露了"新疆商铺假按揭"案，是一起"当事人"毫不知情的冒名贷款事件。新疆伊宁市居民付永德被某房产公司冒名，以子虚乌有的商铺为抵押向银行贷款100多万元。莫名其妙的巨额贷款，一份从天而降的房产，破坏了付永德的正常生活。妻子与他协议离婚，主张住房。离婚后的付永德居无定所。

　　为了弄清真相，2007年11月21日，付永德从伊宁赶到乌鲁木齐市向贷款银行申请查阅贷款资料，被拒。之后，他收到该行房产解除抵押通知书，贷款已于11月22日还清，这是他到该行的次日。他还接到自称某房产公司销售部经理的电话："你的贷款已经解除，你可以回伊宁去了，你可以贷款买房了。"

　　那间作为贷款抵押物的并不存在的商铺正是由该房地产公司"开发"的。据乌鲁木齐市房产交易中心的记载，子虚乌有的商铺的开发商是该公司，产权人也是该公司。为什么开发商能够冒名付永德，以子虚乌有的房产为抵押从银行得到百万贷款呢？这个问题从支行到分行，一一被拒绝回答。

　　无独有偶。《钱江晚报》2011年元月报道，杭州一个售楼小姐被冒名货款购置了七套房产。陈燕想按揭购房，查询银行诚信系统发现，自己已贷款购买了七套房产，不能享受首套房贷的各种优惠。

　　陈燕震惊又纳闷，自己从来没有买过房子，怎么会有房产呢？查询发现，七套房子中有六套商铺和一套住宅，购买时间是2003年和2004年，开发商均为华×房地产公司，所购买的六套商铺位于该公司开发的同一楼盘内，那套住宅为该公司开发的另一楼盘。

购房合同显示，陈燕名下的住宅建筑面积 144.61 平方米，单价 2250 元，总价 32 万多元。借款合同显示，借款银行为中国××银行某支行，22 万元贷款分 20 年还清。另有该支行和陈燕的谈话笔录、陈燕向公证处申请办理贷款合同的公证书。登记备案的预售合同显示，陈燕名下的六套商铺共 162.84 平方米，每平方米 4000 元。陈燕自称没有办理过这些手续，她说："2003 年我在杭州华×工作过一年，在售楼处做销售。想来想去这 7 套房子最有可能是开发商拿了我的身份证去做的。"

七年时间过去了，这七套房产是谁在使用呢？六套商铺属于小区的沿街底层商铺，每间面积数十平方米，大门敞开，里面空无一人。邻近的商家说，没见有人使用过。和六套商铺相隔不远，是陈燕名下那套住宅所在的小区。记者采访当天，铁将军把门，屋里无人。

和陈燕有类似遭遇的人有多名。有的曾在华×工作过，有的如今仍在职，有些人原来就知道，有些人最近才知道。"同家楼盘，同个开发商，我们已接到了 7 个人、涉及 20 套左右的房子的同样投诉，情况都和陈燕类似。"浙江某律师告诉记者。

当事人普遍不愿多谈此事，因为开发商承诺还清贷款。他们不关心开发商是否以假按揭骗取银行资金，关心的是假如不能按时还贷，他们是不是成了拖欠人？假如他们自己要买房，该怎么办，难道去一次性付款？假如房产税真的面市，谁去缴税？

从了解到的情况看，开发商涉嫌以员工的名义骗取银行贷款。开发商单方面是操作不了这么完整的一套程序的。如果所涉及的单位按照规定办事，就不会出现这种情况。

湖南郴州市雷石宾蒙受的损害比陈燕等人大得多，一夜间他银行储蓄卡里的 46659.07 元被划走！从媒体公开的情况判断，雷石宾也是被人假名向银行办理按揭。贷款时间是 2004 年 1 月 15 日，由湖南××房地产开发公司代办，并代雷石宾与×行长沙芙蓉支行签订了房屋贷款协议。贷款协议上指定的还款账户并不是雷石宾被划扣 46659.07 元的储蓄卡账户。贷款金额约 29 万元，年限 20 年。至 2010 年 4 月 12 日止，尚欠银行本息 234162.32 元。资料显示，该笔贷款所涉房产是长沙市韶山北路某大厦 1 栋 2 单元 204 房。出人意料的是，该大厦没有 1 栋 2 单元 204 房，只有 A 座 2 单元 204 房。

贷款偿还账户的对账单显示，2004 年 5 月 31 日至 2008 年 6 月 30 日，每月均有贷款的还本还息。还款账户不是划扣 46659.07 元的储蓄卡账户。该银行某人士称，由于此笔贷款还贷几年后就停止还贷，并且连偿还贷款本息的账户都注销了，银行才找到"雷石宾"的另一个账户扣款还贷：当"实际借款人"没有按时还款时，银行就从雷石宾的储蓄卡账户上划走了 46659.07 元。

不仅银行卡里的巨款被莫明其妙划走，妻子认为雷石宾私下在外购房，导致夫妻矛盾，而且雷石宾在金融系统的个人信用也留下了污点，当他 2010 年 8 月向银行申请个人贷款时屡屡被拒。

根据相关规定，银行的贷款流程是，由借款人本人持身份证明原件，向银行提出申请，经过银行严格审查后认为符合条件，当面签署贷款协议，并办理抵押手续。如果申请人没有到现场亲自签名，贷款就是违规。如果扣款账户与还款账户不一致也是违规（按规定，用于偿还贷款本息的账户销户有一套严格的审查流程，是不能随意销户的）。银行员工若明知是冒名借款仍然违规办理，则构成贷款诈骗罪的共犯，会被追究责任。

很多房地产商资金紧张时，在银行内鬼的配合下假冒他人名义向银行贷款，资金链不断裂且及时还贷，就无人知道；资金链一旦断裂，银行就会去找当事人，问题就暴露了。2008 年 6 月，中国银监会曾发出《通知》，对房地产贷款中的"假按揭"、"假首付"、"假房价"等不规范行为进行整治。

《燕赵都市报》2010 年 10 月披露的一起案例，揭开了"假按揭"冰山的另一角。2010 年 7 月，石家庄徐女士欲贷款购房，却被告知她已于 2005 年从中×银行平山支行贷款购置了"××绿色庄园"11 - 1 - 601 住房。贷款额是 6.8 万元，承诺 2025 年还清，目前还欠 56589 元贷款未还。开发商是××县房管局下属的××县房地产开发总公司。经了解，5 年前这家公司开发的××绿色庄园小区，共 700 多套房子，90% 都是石家庄市区人购买的，一部分办的是按揭贷款，徐女士名下房子即为其一。

　　徐女士说自己从未购过房，更未与银行签订过贷款合同。银行方面拐弯抹角地问她是不是收过别人 1000 元钱，亲戚朋友是不是知道这事，徐女士回答坚决：没有。贷款使用的"收入证明"是一个纺织厂出具的，徐女士未在任何工厂上过班。身份证照片是假的，身份证号也和自己真实身份证的尾号不一样。

　　办理这批房贷的房开公司销售经理××承认，当时找了一批学生，一人给他们 1000 元钱，办了一批假按揭贷款，有"一两百套"。也正是这名销售经理××，在徐女士找到××银行河北省分行的几天后，就把那笔按揭余额一次性还清。

　　据记者了解，××绿色庄园因是违规项目，至今未能办理房产证，××县房地产开发总公司也已注销，其开发的房子早卖完了，这批假按揭款流向是个谜。

　　统计显示，银行个人住房不良贷款有 80% 是由虚假按揭而来。据央行消息，2006 年有关部门对 16 个城市的住房贷款抽样调查发现，22.31% 的借款人办理贷款时未与银行直接见面。郑州、北京、杭州、广州的比例分别高达 46.31%、35.4%、32.83% 和 32.2%。虚假按揭贷款成为银行的一个风险源头。以居住为目的按揭购房，满足了普通百姓的住房需求，是笔者 15 年前、自 1996 年就开始倡导的。

　　使用自己的身份证、以自己的名义"套贷"存在风险。以他人的身份证，以他人名义假按揭成为"套贷"的新伎俩，其波及面更广，更疯狂，危害更深远。不仅不能参与"套贷"，还要防止他人假冒自己的名义办理按揭。我们不禁会问：在各地住房被疯抢的狂潮里，持续攀升、居高不下的房价遮掩下，隐含着多少个类似付永德、陈燕、雷石宾、徐女士一样的受害者呢？

4.3.3　花样百出

　　房地产项目里开发商自有资金通常是 40%～50%，有的只有 20%～30%，不足资金需要通过别的途径来获得——银行贷款、社会渠道融（集）资和销售回款。银行贷款要求四证齐全，即规划局颁发的《建设用地规划许可证》和《建设工程规划许可证》、国土局颁发的《国有土地使用证》及建设局颁发的《建筑工程施工许可证》。若取得了这四证，差不多可以卖房子了，也就不必贷款了。社会融资涉及复杂的股权和利润分配。因此，提前违规卖房成了一些房地产开发商解决资金困难的首选途径。

少数开发商的自有资金在支付完土地出让金后所剩无几，也通过这样的办法筹集建设资金：先建好两三栋楼，以内部人名义签下预售合同到银行做假按揭，套出贷款。将来房子卖出去了，就将房子过户到真实的购房者的名下。开发商不会告诉购房者住房已经抵押给银行了，他们会谎称房产证正在办理之中，购房者也就无话可说了。甚至连一些大开发商也是以这种办法取得贷款的。

有人一针见血地指出，"××购房团"其实是典型的"姚康达"。市场传闻 10 万×× （地名）人拿着 1000 个亿元在炒楼，实际上他们是借银行的钱生"蛋"。这些人先投入 20%～30% 的自有资金作首付，炒高房价后通过重新评估虚设房产价值、再申请抵押贷款的循环手法，以小搏大。有的炒房客捂着几十套房产，一套按 100 万元算，总金额不比"姚康达"少！

资深的炒房客认为，投入自有资金其实还是很笨的方法，某些操作可以做到"零首付"，玄机在于房子的报价。一套房子挂牌 100 万元，银行提供七成贷款，炒家获贷 70 万元。而一些不法中介在向银行申请贷款时，将房子价格虚报为 150 万元，七成贷款额度就有 105 万元，变相实现了零首付。空手套白狼！

每一个新楼盘周围都会出现新中介，借助购房者个人名义从银行（少量从住房公积金管理中心）获取高额个人住房贷款，炒作房地产。

银行给房地产开发商发放的贷款，按资金投向的不同，一般分为四种类型：土地开发贷款，用于土地开发；住房开发贷款，用于建造住房；商业用房开发贷款，用于建造非居住用房（即商铺）；流动资金贷款，用于房地产开发企业资金周转。

为什么房地产开发商、中介乐意借助购房者个人的名义贷款呢？首先，以个人名义，凭单套房产向银行申请按揭，额度高，支行一级就有权审批，一两周之内就能办妥。如果以公司之名，凭土地或几栋楼房

（或若干楼盘）向银行申请抵押贷款，额度低，还必须报送上级分行审批，时间或需数月。其次，期限更长。银行给开发商的贷款期限一般不超过 5 年，而个人住房贷款最高年限为 30 年。最后，利率低。开发商向银行申请贷款，利率一般为 8% ~ 10%，个人住房贷款利率只是一半。以 1000 万元额度计算，光利差一年就是几十万元。难怪有人戏言："房子是用来炒的，不是用来住的；商品房是卖给银行的，不是卖给老百姓的。"

《中国住房发展报告（2010~2011）》对国内八家主要上市银行统计结果表明，与 2006 年相比，2010 年上半年房地产贷款占比由 15.18% ~ 32.4% 大幅提高到 25.10% ~ 35.53%。——包括房地产业贷款、建筑业贷款和个人按揭贷款。房企开发资金主要来源于商业银行贷款，至 2010 年 8 月平均高达 56%。国际上公认的安全区间是 20% ~ 30%。

一些银行认为，个人住房贷款有房产抵押，属银行"超低风险"的优质贷款，是"香饽饽"。然而，一旦房价步入下跌周期，那些炒房者、非居住目的住房贷款，如假按揭、"套贷"、"工抵"、"零首付"等就会"断供"，银行不良贷款难以避免地会大量增多。

银行可以未雨绸缪，防范风险。经过上述讨论，非居住目的的购房行为并不难分辨，"炒房客"更不难识别。早一天清理不以居住为目的住房贷款，银行离风险就越远，多处理一笔不以居住为目的住房贷款，银行的资产就更安全，盈利水平更高。

4.4

贪官有多少房子？

媒体披露的案例当中，贪官无一不坐拥多处房产，其名下或以家人名义拥有的房子少则数套，多则数十套，还不包括他们与家人自住的豪宅。

比较典型要数郝×。论职务不算高，郝×先后担任山西蒲县地矿局长、安监局长、煤炭局长、煤炭局党总支书记。正是这么一个比县官还小的县局局长，自 2003 年到 2008 年期间，居然在北京、海南等地有了

35 处房产（合同价款 1.7 亿元），存款账户 76 个，存款 1.27 亿元，违规违纪资金高达 3.05 亿元。蒲县 2010 年全年的财政预算也不过 3 亿元！

因涉嫌贪污、受贿、挪用公款和巨额财产来源不明等，一审被判无期徒刑的安徽黄山市园林管理局原局长耿×，在短短的 4 年时间里先后置办了 38 套房产！

2009 年 2 月，上海浦东新区原副区长康×一审被判无期徒刑。被称为"炒楼区长"的康×，利用职权低价买房，高价抛售赚取差价，涉及房产 24 套，其中 16 套在其妻名下，8 套在他本人名下。售出的 8 套房产，已使他获利 1600 余万元。

康×的一名属下、浦东新区某处长陶×让"炒楼区长"相形见绌。1999～2008 年，陶×利用职权为他人谋取利益，先后收受房屋开发商贿赂款 106 万元及价值 1379 万余元的房产 29 套（住宅及商铺）。

全国约有 3000 个县级别县（市、区），有多少像郝×或耿×一样，比县官还小的县局局长，这些局长名下有多少套住房呢？又有多少像康×、陶×一样的区长、处长，他们名下又有多少套住房呢？

第 2 章和第 3 章曾讨论过，1998 年"房改"后，福利分房名义上停止了，而借助各种"马甲"的建房、分房并未停止，公务员依然是住房条件较好的群体，许多官员均按标准配足了住房。部分有能力拿地的单位里的中、高层领导，既容易从单位分"准"福利房，也有经济实力在市场上购买商品房。贪官污吏索取房产贿赂或以贿赂购置房产，占据了大量住房，在一定程度改变了市场的供求关系，促进了房价上涨。

中小型企业，包括民企、私企、中外合资（合作）企业以及个体工商户、自由职业者，即使有心为员工（自己）盖房，也拿不到土地。

4.5

保障房买卖

保障房是我国住房体系的重要组成部分，是住房保障体系的主力军。2009 年、2010 年、2011 年三年建设总量 1840 万套，平均每 10 个家庭可以拥有 1 套保障房。可是，房价依旧上涨，居高不下，普通百姓怨声载道。这从一个侧面说明，保障房没有充分发挥预期的作用。国内保障房的思想源自美丽的新加坡模式，难道是"水土不服"吗？

　　个别地方政府未认真落实保障房建设计划也使普通百姓的住房困难不能早日解决。以某特区城市住建局公布的数据为例，该市原计划在"十一五"期间筹建的 16.9 万套保障性住房，结果仅竣工 2 万多套，为原计划的 12%。

4.5.1　一个人摇中三套经济适用房

　　××市计划推出的金山桔园二期和新店西园新苑经济适用房只有597 套，而申购者多达 4000 余户，遂决定通过摇号确定销售对象。2007年 9 月，市房管局公示了摇号结果。有人发现，有三户申购人姓名及身份证号码极其相似。有一个人可能摇中了三套房子，这里面有什么故事吗？

　　调查结果是，公示中三户姓名及身份证号码为同一人，系房管局工作人员工作不认真，在电脑及软件出现故障时，未认真核对申购人名字和身份证号码，先后三次重复录入同一户申购人的资料所致。三个同一人的身份证号码均被摇出，在社会上造成严重不良影响，损害了政府的权威和公信力。

4.5.2　经适房摇号曝作假事件

　　2009 年 6 月 12 日，××市 5141 户困难家庭参与一个经适房小区公开摇号。结果摇中的 124 名市民中，有 6 人的购房资格证明编号是连号。经查，6 人申请材料系造假，购房资格被取消，涉事公务员被严处。《楚天都市报》记者进行了深入调查报道，大致还原了这起蓄意骗购保障房事件的真相。[①]

　　房产局最初的回应是，摇中 6 连号纯属偶然。5000 余人摇号，中出 6 连号的几率有多大？华中师范大学一位数学博士的计算结果是：千万亿分之一。

---

① 陈世昌，舒均．"6 连号"经适房：申购材料是假的［N］．楚天都市报，2009 - 06 - 18.

　　一名当事人称，是花费了数千元通过中介"买"的《经济适用住房资格证明》。在自行申办资格证时，他获悉花钱通过中介可以轻易办到证买到房。"抱着试的态度"将户口交给该中介公司，没提供其他材料，付了数千元费用，对方就帮他办来了资格证。对于摇号前是否曾另外付费给中介的问题，这名当事人拒绝透露。他抱怨说：很多像自己一样的人都符合申购经适房的条件，可若不按"潜规则"操作，就是买不到房；若没有这种"潜规则"，没有可以操作的黑洞存在，哪个老百姓愿意多花几万元的血汗钱去弄虚作假？

　　从市公安局了解到，6 名当事人中有 4 人于 5 月 27 日从其他区迁往硚口区长丰村 1 号或 2 号。另外两人是在摇号前，于 6 月初将户口迁往硚口。业内人士指出，有人在原户口所在地有房，不符合申请标准。将户口改迁其他城区后，此人就变成"无房户"，可以申请了。

　　市国土房产局有关负责人介绍，想申请到有效期两年的《××市城镇居民购买经济适用住房资格证明》，应当通过街道办、区民政、区房产等多个部门，需要多种证明资料，程序非常规范。有的环节按规定必须进行公示，集体讨论决定。然而，六名当事人的虚假材料顺利地通过了层层关卡。6 人均自称未婚。在婚姻状况一栏，盖有区民政部门的公章，证明是未婚。实际上，罗某、陶某已婚，罗某还育有一女。此外，罗某转入户籍地址为 ××1 号，该户外挂的户籍有 50 余人。

　　有市民爆料，房产管理局一楼的房屋中介自称，花 5 万元绝对可以"摇中"一套房子。记者随意与一中介公司老板攀谈了解到，户口在外地的，可以帮忙先将户口迁入辖区，单独立户，并帮忙办下购房资格证，费用约 7000 元。有一家中介公司老板说，可以帮忙买到经济适用房，"在房子总价上另加 6 万元的手续费。相对附近的高价商品房，交这点钱是划算的。"该老板称，购房资料都是伪造的，但他们通过内部人操作，能够"办证、登记、摇号一条龙"。"5 年之后，你还能将房子转手卖掉，没有任何风险"！

　　正如这个中介老板熟知的，5 年之后出售保障房"没有任何风险"。在类似中介机构的"中介"下，一套又一套的保障房交到了不以居住为目的，且不符合保障房申购条件者手里，随后被出售。其利润或先或后被相关人员分享，形成一条保障房买卖利益链。

4.5.3 "富人"在申请保障房

除了内外勾结，蓄意骗购保障房牟利，"富人"申请保障房现象也屡禁不止。

2010 年 12 月，××市住建局公示了终审的第二次保障性住房合格名单，共有 5293 户通过终审。此次公示属"三级审核两次公示"的最后一关，若无异议，入围人员即拥有购租保障房的资格。该名单曾经历了初审、复审阶段，耗时一年，通过率分别为 96.42% 和 81.26%，曾有不少申请者被反映住豪宅、开豪车。经过三次审核，共有 2855 户被淘汰。[①]

媒体报道，在此次公布的终审名单中，依然有多个申请者住在价格不菲的"豪宅"中。例如，公示名单中有 17 户住在"××花园"，该楼盘二手房均价每平方米超过 2.4 万元。另有申请者目前居住地即为保障房。

不言而喻，住豪宅、开豪车的"富人"及已居住保障房者，申购保障房的目的就是为了出售牟利。

4.5.4 购买保障房困难

除了不符合条件者抢购保障房，还有另一些原因也在阻碍普通百姓购买保障房。央视《经济半小时》2009 年 9 月播出节目"××3000 套经济适用房遭弃购的背后原因"，兹节录部分：

××市正在销售的经济适用房子君村一期共有 5300 套，5 个月过去了，还有 2700 多套未售出，众多有购买资格的人纷纷放弃。经了解，很多人家里居住条件非常艰苦，有的甚至违章将阳台改造成床铺。这批保障房每平方米 2100 元，只有周边商品房价格的一半。不仅价格便宜，还地处新老市区的中心地带。不远是一个大的公交场站，计划建设的轻轨也从旁边经过，附近还有一个在建的商贸城。

---

① ××保障房终审结束　仍有申请人住"豪宅"［N］. 每日经济新闻，2011 - 01 - 04.

很多城市的保障房建在郊区，价格没有优势，成了无人问津的鸡肋。经过深入调查，发现了××保障房遭冷遇的根本原因。原来，这批保障房要求在 4 月份预售时先交 60% 的首付款，次年 5 月 1 日交钥匙时再一次性支付剩下的 40%。这批住房面积 40 平方米～70 平方米，60% 的首付款是 6 万～8 万元。一年的时间里要交清 10 万～14 万元的房款，对需购买保障房的普通家庭而言，是一笔不小的开支。

这种困难本来可以像广州等地一样，通过按揭方式借助银行或住房公积金贷款解决。商品房如果未能按时还款，银行可以回收并出售，但是经济适用房在 5 年内不得上市交易，银行由于无法处置抵押物，会面临风险。但是，这批保障房暂时不能作抵押获得贷款，众多需购房自住者不得不放弃了。

4.5.5 禁售期出售保障房

保障房是国家出售给低收入家庭居住的房屋，规定有禁止出售期，一般是 5 年。这条规定根本无法限制一些人买卖保障房牟利。

这些人操作手法是：意向购房人将双方谈妥的房款一次性支付给保障房购得者，保障房以借款抵押的名义由意向购房人拥有、居住。这样的交易一般都通过公证。5 年后，双方再办理房屋过户手续。

有的直接转让购买保障房的"资格"：申购者取得保障房购买资格后，与意向购房人商谈合适价格（主要参考保障房与同等面积、地域的商品房的差价），收取转让费后，用意向购房人资金交纳房款，以申购者自己的名义购房。交易通过公证。5 年后进行房屋过户。

一些有能力建房单位的就职者，也通过后一种方法出售自己从单位得到的集资建房"资格"，谋取利益。

尽管规定有申请保障房弄虚作假的处罚条款，"保障房"在中国仍是有点"水土不服"。新加坡法纪严明，公务员不敢轻易染指面向低收入人群的"组屋"。

相关人员胆敢火中取栗，是因为对类似行为的处罚轻微，更因为收益丰厚。以上海为例，2010 年商品房均价每平方米 14213 元（剔除保障性住房后是 20995 元）。2011 年元月市政府推出的 4.8 万套保障房价格是每平方米 5000～8000 元。买卖一套 100 平方米保障房，市场利润超过百万元！有了如此巨额的利润，个别低收入家庭会将保障房出售（转让），而不努力"脱贫"，5 年后再申请新的保障房。

复旦大学教授陈杰对保障房申购中的弄虚作假现象有全面的研究，他指出："除非经济适用房'只租不售'，大大削减可以被套利的空间，否则我很难看好经适房在上海能真正发挥名副其实的保障中低收入住房困难家庭的作用。"

举双手双脚赞成！有关人员的利益是在"买卖"保障房的过程中实现的。如果彻底禁止保障房买卖，无疑能够大量减少以保障房为工具的牟利行径。具体而言，就是将住房保障体系的主体——经济适用房（含限价房）以"公租房"形式推出，改变现行住房保障体系"出售"保障房为主的格局，代之以"出租"保障房为主。更重要的是，在不增加国家保障房投资规模的基础上，将保障房建设规模提高三倍！——第 9 章讨论。

第5章

谁在出租住房?

若相信目前国内房价虚高，不是购房居住的合适时机，那么租房居住就成了较好选择。

目前国内住房租赁市场的房源主要有两类。一类是政府提供的租赁房，如廉租住房、公租房。公租房是由政府建设、以高于廉租房但低于商品住房的租金出租。另一类是民间的或称私人的租赁房。这类租赁房多是房改房或旧私房，其存量较大、位置较好、面积较小。

"房改"之前，普通百姓是以租赁房子居住为主，房源主要是由直接代表政府的房产局或间接代表政府的企、事业单位提供。换句话说，那时住房租赁市场是以政府为主导的。

5.1

哪里有房出租？

调查发现，各地出租的房屋以旧房为主，绝大部分是 20 世纪七八十年代建设的住房，还有一部分是城郊结合部或"城中村"的居民自建房，新商品房用于出租的情况不多见。

5.1.1 旧房是出租房中的主力

建造时间较晚的旧房也在 1998 年前后，这类旧房一般也被称为"二手房"。原来的居住者之所以迁居，主要原因是这类住房面积较小、房型不理想（客厅面积小）、楼层不好（顶楼或底层）或者周围环境欠佳等。绝大多数旧房是改善型购房需求者腾出的住房。此类房屋出售难度比较大，价钱也不高，出租却大受欢迎。一些有能力改善住房条件者相信，随着房价持续上涨，若干年后房屋的拆迁补偿会水涨船高，暂时出租原有住房，是不错的选择。

5.1.2　新房少

一些人购买新住房后，即使因故暂时不入住，也不愿意出租。目前，购置住房供出租以收取租金的人在国内较为罕见，房屋出租市场上很难见到新房出租。不过，这一现象在不久的将来，一旦房价暴跌，或会大大改观。

炒房客购买住房后，在等待合适价格出售牟利之前，也会出于种种原因暂时将住房出租。在房价下跌周期，房屋的市值大幅贬值，出售就意味着亏损，投机购房者只好将房产出租收取租金，减少损失。

"套购"、"工抵"或被开发商作为贷款抵押的房屋，冒名（贷款）购买的房产，还有贪官购买的房产也不太可能用于出租。

5.1.3　房产局有少量

目前，有些人所说的"公租房"与福利分房时期的公租房概念完全不同。福利分房时期房产局是房屋出租的一个主力，提供了普通百姓所需的绝大多数出租性住房。

如今，在有些地方，仍有一定数量以房产局为出租方的房屋。不过，这类住房主要建设于20世纪七八十年代，所处地域日趋繁华，加之房屋渐旧，大部分列入了拆迁计划。

有人说的"公租房"其实是指"廉租房"，其主要供应对象是"低保"、"优抚"以及家庭收入在当地平均线以下的家庭。

有的地方将"廉租房"归属专门的"住房租赁管理中心"。不论如何归属管理，房源极度萎缩是不争的事实。据《北京市公共租赁住房管理办法》，公租房的房源主要由三部分组成：政府、中央和市级机关新建一部分；鼓励社会上的开发企业建设住宅时拿出一部分不销售，用于出租；收购一部分二手房用于出租。不过，由于缺少资金，公租房房源筹措成为最大的瓶颈。

5.1.4　有的单位有

在1998年尤其是1998年之前，多数机关、事业单位和一些大型国有企业，都有一定数量的"闲置"住房暂时"出租"给本单位员工居住。这类住房，收取一定的租金，也可以称为"公租房"。供家庭居住的公租房一般是闲置的旧两室一厅、一室一厅。申请的家庭可以是无房户、新婚夫妇、调入员工等。供个人居住的公租房，有的是早年专门建造的单身宿舍，有的是旧两室一厅或一室一厅。同居人数不定。身份以新参加工作大中专学生为主。

目前，除了少数机关、事业单位和大型企业仍有一定数量宿舍供新参加工作大中专学生居住外，绝大多数的民企都没有公租房给员工居住，尤其是没有价格比较低廉的住房。

5.1.5　新建公租房数量有限

2011 年 2 月《经济观察报》的一则新闻"×××公租房 2011 年规划目标突增 25 倍"，让我们窥见某些地方近年公租房的建设情况。据房管局住房保障处提供的资料，该市将在 2011 年筹建公共租赁住房 17500 套。而 2010 年该市的公租房只有 320 套，而且还是从在建的廉租房调整而来的。

×××是北方某省的省会，2009 年官方公布的人口统计数字是 980 万人。

"公租房"应涵盖更广泛的群体，不仅覆盖现有的廉租房对象，更需兼顾其他收入水平的广大青年、普通家庭，唯一的禁止条件是，申请租住的家庭不能购置有房产。对一部分青年来说，他们的收入水平可能不低，但是，在一个不短的时期内无法购房居住，租"公租房"合情合理，应该受到鼓励。我们在随后的章节将深入讨论。

5.2
建造"新房"出租

当政府在提供公租房"缺位"的时候，需要租房的人却日渐增多。想租房的人增多，房租就涨。住房租金的涨升，会推高房价。房价上涨，也会拉高住房租金。房价与房租也是互相作用、互相影响的。有需求就有人设法满足。

5.2.1 "移动房屋"

2010 年 12 月 6 日，广州南沙区蒲州广场出现了最大的租赁商品——"移动房屋"。面积 40 平方米，家具一应俱全。顾客需要一次性缴纳 17.49 万元押金，租金按租期分为日租 800 元，月租 21400 元。租 3 个月要 58300 元，6 个月 109400 元。租满 1 年是 194400 元。租金需要一次性缴付。

5.2.2 "住人集装箱"

2010 年 7 月，在广东佛山停着的一辆大卡车上写着"住人集装箱，每天仅 6 元"。据集装箱所属公司负责人介绍，他们来自深圳，两个月前在佛山开设了分公司，成为佛山首家"住人集装箱"公司。"住人集装箱"宽 3 米、长 6 米、高 2.8 米。内屋铺着淡红色的瓷砖，放置了 5 张有上下铺的铁架床，屋中亦留有装空调的位置。

在后面会介绍，这种"住人集装箱"被建筑工地租用，供农民工居住。

5.2.3 "农民工一元公寓"

2010 年 12 月，有媒体图文并茂地介绍了山东省临沂市"农民工一元公寓"。一栋五层高的"半拉子楼"——俗称的"烂尾楼"，被精明的刘元彬租下，装修出租。据了解，因债务复杂该楼被暂时废弃。楼房里连楼梯把手都未装。刘元彬的装修极其简陋——在没有玻璃的窗孔钉上塑料布。遇到强风，塑料布哗啦响。公寓的招牌是用粉笔写在黑板上的。

一至三层全是整层楼的大通铺，只有少数的架子床，先人者睡，大部分人只能睡地铺。被褥、席子自备。每天只需 1 元钱，进城务工的农民就可以在公寓遮风避雨。楼房邻近的大棚里，有垒起 2 米高的砖块隔成面积 2 平方米的"夫妻房"，也是地铺，租金每月 80 元。

为方便农民工吃饭，公寓内设餐饮区，有小饭摊十余家，经营早点、各式炒菜，一顿饭约 3 元钱。公寓里有两大"件"。一台电视机，是公寓唯一的娱乐设施。一台饮水机，由于人太多，想喝上一口热水不容易。

条件十分简陋的"农民工一元公寓"，因为价格便宜，开业半年来，吸引了众多农民工。高峰时有 2000 余人入住，岁末天寒，仍有 700 多人。这些农民工大多没有固定的营生，以断断续续的零工为主，收入微薄。

5.2.4 "胶囊公寓"

被誉为中国"胶囊公寓"创始人的黄日新是一位 78 岁的老人，退休前是一位研究火力发电的高级工程师。他大胆尝试，在北京先后推出了三个版本的胶囊公寓，以每间 200～300 元的价格出租给中低收入群体。在国内外上百家媒体的跟踪报道下，黄日新及其"胶囊公寓"的知名度不逊于当红影视明星。有人称他为"堂·吉诃德"。

2010 年 3 月，黄日新耗资 5 万余元，在海淀区六郎庄租用了一间平房，改造成 8 个面积 2 平方米的"胶囊公寓"出租。他称之为"第二代胶囊公寓"。不久，北京市出台租房新规：租住平房的，人均使用面积不得少于 4 平方米。为此黄日新只得把租户清走。

8 月，在西六环外的一间平房里，总造价超过 5 万元的"第三代胶囊公寓"诞生了。"胶囊"面积超过 4 平方米。12 月 16 日，住建部出台《商品房屋租赁管理办法》，规定出租住房应当以原设计的房间为最小出租单位，不得私建隔断，违者最高罚款 3 万元。"第三代胶囊公寓"从"合法"转为"非法"。黄日新由解决中低收入群体居住困难的英雄，变成了"黑出租房"房东。

望着即将拆除的"第三代胶囊公寓"，黄日新既为先后花费的 10 万元积蓄可惜，也为自己无法帮助中低收入群体解决住房困难而心痛，更为"胶囊公寓"出租模式无法延续而叹息。

而后，黄日新又设计出"第四代胶囊公寓"，并向国家知识产权局申请专利。他计划免费提供专利权，与房地产开发商合作，建造和销售"第四代胶囊公寓"，让低收入群体都买得起房。蓝图上的胶囊式公寓每一层建筑面积 200 平方米，划分成 14 个面积为 16 平方米～30 平方米小"胶囊",共用一个厨房、卫生间。黄日新认为,"第四代胶囊公寓"是拯救中国房地产市场的一剂良药。其购置门槛比国家的经适房、限价房低,可以让绝大多数人实现住房梦。

与黄日新设计建造"胶囊公寓"出租不同,戴海飞设计建造"蛋形"蜗居是为了自己居住,节省租房费用。我们第 6 章详细介绍。

5.2.5 "北京群租第一案"

类似黄日新一样,租用整间平房(或整套住房),用砖块木板改造成若干小面积"房间"("胶囊公寓")出租的做法,减轻了租住者的住房支出,在京、沪等住房紧张的一线城市十分普遍。然而,这种做法却给另一些人的生活带来烦恼。

中国人民大学教授许颖博士的家位于北京市海淀区世纪城时雨园,毗邻颐和园和昆玉河。咫尺之遥就是她从教的人民大学,小区内有幼儿园、池塘和小花园。春天鲜花盛开,夏天绿树成荫,一群群金鱼在池塘里自由自在游泳……但这一切都因为"群租"而彻底改变。

2008 年开始,许颖家楼上的房主王某为了牟取暴利,将三居室分隔成 12 间小屋,阳台和厨房也改成了卧室,对外出租。许颖认为,王某的做法严重影响了自己的正常生活并产生了严重安全隐患。2009 年 4 月 5 日,因 20 多名群租客长期非正常使用卫生间并违规疏通导致下水管破损,污水将许颖家淹没,引发了"北京群租第一案"。2009 年 7 月 3 日,该案首次开庭,中央电视台、《法制日报》、《中国青年报》等数 10 家媒体报道了此案,引起了北京乃至全国公众的广泛关注。

至 2010 年 11 月,许颖仍然有家不能回。许颖认为,"群租"侵犯了其他居民和业主的合法权利,危害社会公共安全,引发了很多社会矛盾和纠纷,并以 2007 年上海群租房火灾致 7 名外来群租客死亡惨剧以及北京市 2010 年发生的多起群租房火灾为证。

许颖认为,群租最主要的原因是房东为追逐暴利而放弃起码的道德与良知、蔑视法律。许颖感慨:为何当今中国社会频频出现有房产者被野蛮拆迁而没被野蛮拆迁的有房产者也无法安宁生活?到底是什么原因使有住房者失去家园?到底是什么原因使有住房者居无宁屋?

5.2.6 地下室被改造成房屋出租

《每日经济新闻》2011 年 2 月报道，北京××家园小区有近 20 栋住宅楼，每栋楼的地下室原本是属于业主们的公共配套，但所有的地下室都已被小区物业管理公司租了出去。某承包人于 2010 年将某栋楼地下一层承包下来，总共花费了近 50 万元。该承包人将这层地下室装修、分割成近百个小房间，每间房每月能收到租金数百元。

5.3
一个笑话

网络上曾流传一个笑话。

从前，有个地主有很多地，找了很多长工干活，地主盖了一批团结楼，让长工住着。一天，地主的师爷说："这几年，长工们手上有点钱，让他们住你的房子，每月交房租不划算，反正他们也要永远住下去，不如把房子卖给他们，这叫公房出售。告诉他们房子永远归他们了，可以把他们这几年攒的钱收回来。"

地主说："不错，可租金怎么办？"师爷说："照收不误，起个日本名字叫物管费。"很快，地主赚了许多钱，长工们也高兴。

过了几年，地主的村子发展成城镇，有钱人多了，没地方住。师爷说："长工们这几年手上又有钱了，咱给他们盖新房子，套用流行说法，叫旧城改造。我们拆了房盖新的，叫他们再买回来，还可以多盖一些卖给别人，大赚一笔。"这次一些长工有点不高兴了。地主的家丁派上了用场。长工们打掉牙只好往肚子里咽，不敢说什么。地主又赚了许多钱。

又过了几年，城镇发展成大城市，有钱的人更多了。师爷说："咱们把这些长工的房子拆了，在这个地方建别墅，拆出来的地盖好房子，卖给那些有钱的大款，又能大赚一笔。"地主说："长工们不干，怎么办？"师爷说："咱多给他们一点钱，套用流行的说法，叫货币化安置，咱再到猪圈旁边建房子，套用流行的说法，叫经济适用房，修个马车道，让他们到那边买房住。"地主说："他们钱不够，怎么办？"师爷说："从咱家的钱庄借钱给他们，一年6分利，咱这钱还能生钱崽，又没风险。这就叫：按揭。"

过了很久，地主的经济适用房才建了一间，长工们只好排队慢慢等。

又过了很久，长工们开始闹事，地主有点慌了，忙问师爷怎么办？师爷说："赶紧通知长工们，房子要跌价，别买了，租房住吧，正好把我们的猪圈租给他们。"

多年后，长工们的钱没了，还在租猪圈住。

第6章

谁在租房？

毕业就是失业，成为当前很多大中专毕业生的真实写照，也是未来更多大中专毕业学生的命运。在严峻的就业压力面前，"单位没有住房"已经不能成为放弃某个就业机会的理由。每年数千万计的青年若未在家庭居住地就业，必将面临居住问题。青年是国家的希望和民族的未来，他们面临的困难不能不予以足够的重视。

　　住，依然是广大青年、普通家庭必须满足的一个需求。买不起房居住，唯有租房栖身。在某些特定时期，租房居住比购房居住更为有利。

　　在一些发达国家，年轻人绝大部分都是租房生活。据公布的数据，2008～2009年，英国32%的家庭租房居住，伦敦约40%家庭租房，家庭住房拥有率远低于该国的平均水平。截至2008年，美国共有永久住房12820万套（另有440万套季节性住房），其中8040万套是独立住房（别墅），占所有类型住房的63%。美国人口约3亿，每2.37人拥有一套永久住房，住房自有率为68.3%，租住率为31.7%。①

　　而据媒体对北京、上海、浙江、广东等地区逾11万人的调查结果显示，年龄小、收入低、工作年限短的"三低"人群成为租房主力军。18～30岁的租房者接近7成，未婚租房者占56.5%，本科及本科以下文化程度的租房者占87.4%。②

　　调查还显示，月收入在5000元以下的租房者占80.7%。3000元以下占41.1%，3000～5000元占38.2%。50.5%的人房租占月收入比例是10%～20%，22.8%的人房租占月收入比例是30%～40%。

　　租房的主要原因，有67.4%的人认为是"房价太高、无力购买"，10.5%的人认为"租房更加自由"，6.7%认为"买房会造成生活质量

---

　　① 刘植荣. 透视美国普通工人工作5年买300平米新房的真相. 人民网.
　　② 记者周文，通讯员沈艳红. 租房者多为"三低"人群 超六成遭受疾病折磨［N］. 信息时报，2011－01－17.

明显下降"，5.3%认为"选择租房更合算"。

租住的房屋类型，楼房占 79.6%、平房占 8.8%、床位占 6.0%、半地下占 4.9%，还有 0.7%的人仍穴居在地下室。

按国际通行的观点，按揭月供若超出家庭收入的 30%，则这样的家庭（个人）属于低收入阶层，宜于租房居住。

6.1
民企员工

据中国民营企业家协会秘书长孙小攀介绍，改革开放 30 多年来，民营经济得到了前所未有的大发展。民营企业已经达到 360 多万户，吸纳就业的人数占全国就业人数的 75%。我国大约有 60%的专利发明，74%的技术创新，82%的新产品开发都是由民营企业完成的。这些都说明民营经济的地位和作用越来越重要，已成为中国经济最具活力的组成部分。①

2010 年上半年，登记注册的私营企业 789.4 万户。中小企业数占全国企业总数逾 99%。海关总署公布数据显示，2010 年 1~7 月，中国进出口总值 16170.5 亿美元，同比增长 40.9%，其中民营企业共完成进出口值 3998.5 亿美元，增长 50.5%，进出口规模已经超过国有企业。全国工商业联合会的报告指出，民营经济税收贡献不断增加，2010 年中国个体私营企业完成税收总额超过 1.1 万亿元，年均增速超过 20%。②

辽宁省中小企业厅发布的数据显示，2010 年全省民营经济实现增加值 11058 亿元，比 2009 年增长 23%，比 2005 年增长 1.7 倍，占全省生产总值的 60.5%。

2010 年浙江省宁波市民营企业创造的 GDP 约占了全市总量的 80%。

2011 年 2 月《扬州日报》报道，2010 年江苏省扬州市民营经济实

① 孙小攀. 民营经济已占我国 GDP 收入的半壁江山 [N]. 新浪城市，2010－05－12.
② 中国民营经济发展报告 NO.7（2009~2010）[J]. 社会科学文献出版社，2011.

现增加值 1126 亿元，占全市 GDP 的 51%。全市民营经济新增注册资本金 2010 年达 633 亿元，同比增长 16.7%，是 2005 年的 3.8 倍。新发展私营企业 15300 户，比 2005 年翻了一番。规模以上民营工业实现产值 3338 亿元，占全市规模工业的 56.8%。2010 年民营企业上缴税收 142.07 亿元，占全市税收总额的 64.6%。统计表明，2010 年个体私营企业从业人员突破百万大关，达 116 万人（2008 年全市人口约 460 万），成为吸纳就业的主渠道。①

《中共中央关于制定国民经济和社会发展第十二个五年规划的建议》再次强调坚持公有制为主体、多种所有制经济共同发展的基本经济制度，鼓励扩大民间投资，放宽市场准入支持民间资本进入基础产业、基础设施、市政公用事业、社会事业、金融服务等领域。强调促进就业和构建和谐劳动关系，实施更加积极的就业政策，大力发展劳动密集型产业，服务业和小型微型企业，多渠道开发就业岗位，鼓励自主创业，促进充分就业。

迅速崛起的民营经济对国家的贡献越来越大，成为吸纳就业的重要渠道，从业人员越来越多。然而，绝大多数民企，特别是占比最大的个体、（中小）私营企业，现阶段是不可能拿到土地为其员工建设住房的。作为一项扶持民营经济发展的具体措施，是否应该设法解决数目日渐庞大的民营经济就业群体的住房困难呢？

某调查机构 2009 年针对长三角地区应届毕业生的一项调查显示，2009 届本科毕业生半年后，有 22% 的毕业生在国有企业就业，月收入最高，为 3007 元；40% 的人在民营企业或个体就业，月收入为 2377 元。在大学生看来，国企不仅工资要高于民企，而且有着很多诱人的福利。例如，解决当地户口、分房等都是民企无法攀比的。特别是中小型民营企业既没有旧的住房，也没有财力建造住房或宿舍。其员工通常需要自行解决居住问题。

刚毕业半年的湖南青年戴海飞只有 24 岁。老家在邵阳乡下，父亲在建筑工地干活，母亲在某公司做清洁工。他原来在湖南读大学，通过

---

① 袁立中，花为华. 民营经济 GDP 占比 51% 对社会就业贡献突出　个私企业从业人员突破百万［N］. 扬州日报，2011－2－15.

网络联系上北京一建筑设计公司实习，毕业后就进了该公司。他父母希望能给他存钱娶媳妇，却不知道以二老的工资水平，要在北京买一套房子需要两三百年的收入。

工作有了，就需要住所。购房自住是不可能的，租房，戴海飞也难以承受昂贵的租金。实习期间，他是租房居住的。那是一种一间大屋被木板隔成的若干小间，每小间有十几平方米，月租金八九百元。——典型的"群租"者栖身之地。

年初，公司展示过一个设计项目"城市下的蛋"——可以移动的蛋形小屋。戴海飞印象深刻，他决定造一座房子，解决自己的居住问题。他向表哥借了6400多元钱购买材料，在几名学弟学妹的帮忙下，忙碌了一两个月，造出了一座蛋形小屋。2010年国庆节后，戴海飞花了3000多元，把小屋从老家运到了公司楼下。

白天，戴海飞在公司里工作、学习，晚上12点左右从楼上的公司下来，钻进小屋睡一觉。不过，冬季来临，小屋越发冷了，夜间大概只有3℃~4℃。他购买了蓄电池，在楼上公司充电，冷了就用电热毯……

细看媒体配发的图片，戴海飞的"蛋形"蜗居酷似一个两米高的大"蛋壳"。小屋由竹条编制而成，竹条外有竹席、保温膜和防雨膜。最外层是麻袋拼成的保温层，麻袋里填充有木屑和草籽。内设十分简单，仅有一张约一米宽的床。

6.2
新参加工作者

住房问题不解决，一个城市、一个单位的人才就会流失。2011年元月，北京市"两会"期间，来自房山区法院的人大代表王媛介绍说，这两年法院人才流失很严重，主要是因为很多大学生在结婚年龄买不起房。

王媛举例说，2009年单位招了10名应届大学生，这些学生并非京籍，工作两三年后，都面临结婚的问题，而且他们也都很想把父母接到北京来照顾。可是商品房价格太高,他们买不起,也不能享受北京的保障房,最后不得不选择辞职,去做律师。这些大学生目前流失了一半多。

6.2.1 新毕业学生

新参加工作的大中专毕业需要赁房居住的主要原因是收入低,工作单位又不在原籍,无法和父母同住,想"啃老"都难。2009 年大学毕业生有 610 万,2010 年 630 万,同期还有数量更多的中专、技校(职高)、高中毕业生步入社会。寒窗苦读十几、二十年,毕业参加工作了,薪资收入若是连自己也养不活,遑论报效国家、复兴民族?

社科院 2011 年《社会蓝皮书》指出,大学毕业生月薪期望值都高于实际月薪水平。受调查的本科毕业生平均签约月薪 2703 元,硕士毕业生 5120 元,博士生 3225 元。面对高房价和巨额购房首付,多数大中专毕业生在最初参加工作的若干年里,唯有租房居住。

21 世纪不动产监测认为,繁华地段 2010 年北京市一居室租金月均价 2570 元,二居室 4085 元,三居室 5503 元。

毕业初入社会的青年,收入十分有限,如果不选择合租,很多人根本无法生存。即使合租,甚至是群租,负担也不轻。有一名在北京就业的大学毕业生介绍了自己的居住情况:房东将三室一厅分隔成七个小房间出租,每小间住两人,每人月租 300 元。这种情况实际上就是"群租"。

6.2.2 学徒工

《中国青年报》转引新加坡《海峡时报》文章,描述了社会大潮中最底层的青年的最艰难一面。这篇题为"不断上涨的房租迫使一些中国人像老鼠一样生活"的报道说,17 岁的张和坤(音)是一家餐馆的学徒工,他和一个同事合租了一间 6 平方米、阴暗、潮湿连窗户都没有的地下室。房子里只有一张单人床,因为上班时间不同,他们可以轮流在那张单人床上睡觉。

不断上涨的房租迫使越来越多的人像张和坤一样,生活在居民楼地下防空洞改造成的狭小房间里，媒体称他们为"鼠族"。据估计，城里的"鼠族"和生活在郊区的打工者，占到 900 万外来人口的一半还多，其生存之艰难可想而知。

6.2.3　未婚青年

据中国之声《新闻纵横》报道，小陈是北京某事业单位的员工，和同事一起在西城区白云桥附近租赁房居住。房东最近告诉他，房租要涨了：从 2600 元涨到 3200 元。咨询租房中介得知，周围类似住的房子房租多已涨到 3000 ~ 3500 元。因害怕搬家带来的麻烦，小陈只得接受租金上涨。

据统计，目前北京城郊共有可出租房屋约 240 万套，而有租赁需求的人口约 700 万人。在四环附近租一间 16 平方米的房子，租金 1500 元左右。群租者每个月的租房成本只要三五百元。

面对持续攀升的房价，有些出租住房者甚至不惜支付违约金也要提高租金。《新闻纵横》发布的数据显示，2010 年 1 ~ 11 月，北京市普通住宅平均出租价格为 3179 元，与 2009 年同期相比上涨了 23%。

6.2.4　市长租房

《南方日报》报道，2011 年某省"两会"期间，某市长在分组讨论会上就房价问题表示："我认为，我们的观念要转变，从有住房变成有房住，我工作了 20 多年，还没买房，现在住的是市政府的宿舍，在珠江帝景，130 多平方米，每月交租 600 元，当然，政府会补贴一部分房租。"

6.2.5　当红明星租房

李宇春算是近年当之无愧的内地一线歌手，可她并没有在京购房的计划，迄今仍是租房居住。因为她觉得在北京买房子实在太贵了，远远不及租房来得实惠。

张靓颖是众多选秀艺人中发展较好的一个，唱片销量一直不错。但她的简朴让人难以置信。手机是在一次充值送手机的活动中得来的，住的是公司为她租的房子。问她为什么不买房？她笑着摇摇头："北京房价太高，现在买房子太不划算。"

《士兵突击》蹿红后，王宝强的片酬直逼赵薇。所谓人红是非多，有媒体曝光走红之后的王宝强花钱大手大脚，购置了价值数百万的豪宅，彻底颠覆了傻根、许三多憨厚的形象。对此，王宝强的经纪人表示"宝强现在住的房子是公司给他租的，这个事情公司职员都知道，而且他还要缴纳房租。"王宝强说："从少林寺出来，我到了北京。在北京 8 年，我搬过 6 次家：北沙滩、怀柔、潘家园、六里桥、昌平、望京、东四环。"

央视当红美女主持王小丫离开四川初到京城时曾屈居地下室里。成名前，孙楠曾做过油漆匠、搬运工等十多种工作。后来，他进入中央歌舞团舞蹈队当歌手，住在北京某处寂静的地下室里，还是跟人合租。郭德纲的北漂岁月，几乎和他的相声一样有名。为了相声，他住过桥洞，挨过饿，老婆当过东西。20 世纪 90 年代中期，周迅北漂当驻唱歌手，住的也是阴暗潮湿的地下室，直到 1998 年主演电影《苏州河》崭露头角。

在我们求学的 10 ~ 20 年里，是名副其实的消费者，需要社会、家人的供养，毕业参加工作的最初若干年里，薪资收入及积蓄有限，无力购房自住十分正常，勿须怨天尤人。何况市长、当红明星也在租房居住。经过努力奋斗，我们一定能够购置称心如意的住房。

6.3
普通家庭

不仅是新参加工作的学生、青年，甚至一些成家多年的人也在租房居住。

"70 平方米，21 万元，首付 8 万元，贷款 13 万元……" 2010 年 11 月 28 日上午，武汉市汉阳惠民苑三期登记现场，巍永山和妻子算来算去，还是觉得买不起，一再追问工作人员："公租房呢，现在有了吗？"

45 岁的巍永山，夫妻俩下岗后，就靠他打零工，供孩子读书和家用，积攒了好几年才够 8 万元首付。可是，没有稳定收入，银行不给贷款。廉租房房源很少，目前只提供给低保家庭。他说，公租房没有还款压力，租金也便宜，愿意等上两年。

2011 年元月，《齐鲁晚报》记者采访了两户"拼房" 20 年没红过脸的普遍人家，读来令人感慨万千。

奇山中街 9 号楼林女士家，是一套两室一厅，50 多平方米。一进门是厨房，东边放着一些橱柜和一台冰箱等杂物，是林女士家的；西边也放着一些橱柜和一台冰箱等杂物，是邹女士家的。这是两家的公共厨房，一家一半，两户人家一个厨房。地方不大，十余平方米，但锅碗瓢盆等厨具摆放整齐。

说起拼房的原因，要追溯到 1991 年。当时山东烟台市闹钟厂分房，房子不够，两家人都想要，就一起要了一套，拼房住。林女士说，当时房少人多，能分上房子就很不错了。一晃 20 年过去了，50 多平方米的房子最多的时候住了 7 口人，厨房两家共用了 20 年。即便是一家人也可能因为磕磕碰碰引起小纠纷，这两户人家"拼房"住了 20 年，却从来没红过脸。

两家人共用一个厨房，水电怎么算？会不会为这事闹心？以前两家只用一个电表，谁用多谁用少，算不清楚，只好两家平分电费。后来，装了两块电表，一家一个。在厨房、厕所等公共地方，一家安一个灯，谁家用电算谁的。

两家人住在一套房子里，生活多多少少会有些不便。但两家都很自觉，靠的是互相包容、互相帮助。50 多平方米的小天地，20 年间演绎了一段邻里亲情！

2011 年元月《人民日报》刊文《房价上涨，他们为何淡定》，以三个实例说明房价上涨须淡定，呼吁量力购房。文章配发了采访对象的照片。我们听听那对 80 后小夫妻的心声。

胡育鹏和陆清云，2009 年结婚。没有大摆宴席，没有买钻戒，没有汽车，也没有房——典型的"裸婚"。他们有的是乐观和希望。小陆，2008 年中国传媒大学研究生毕业，就职于一家网站。她的丈夫小胡做汽车销售。他们不是本地人，住在广州天河城，市中心地段，相当于北京的王府井。面积 75 平方米的两室一厅，距离两人单位都近，步行约需 10 分钟。这"超满意"的房子是租的。

月收入两三万的这对小夫妻的信条是:不买房。小夫妻讨论过该不该购房,结论是:"租房比买房更符合经济理性。"小陆算了一笔细账:买房首先得"啃老"。双方父母毕生积蓄不过三四十万元,立马啃个精光;小夫妻这几年的积蓄,得全拿出来;最后,每月的月供会把两人牢牢按住。小胡说:"谁能保证房价永远涨? 高位买了房,跌了怎么办?看看美国、日本,不是没先例。如果有 200 万元,可以考虑买;可我们没有,贷款买房,必须透支自己的发展前景,机会成本太高了! 竭两代六口之力,舍夫妻事业空间,只换一堆砖头,而且未必增值,您说划算吗?"

有人说,自己的房子住着才有家的感觉。小陆说:"有爱人,有书,养些植物,挂上朋友赠的书法,简单家具简单生活,这就是家。"又说:"身边传来谁谁的房子又涨了的消息,我们从不眼红。他们的增长也只是数字,生活质量没有变化。我们追求的是充满未知的生活,有周游世界的梦想。20 年后一回头,即便没赚到房子,但拥有了丰富的人生,那也没有遗憾。"

一年里,由于生活负担小,小夫妻去了成都、青岛、肇庆、珠海、香港、九寨沟旅游。明年计划去黄山和日本。"家长觉得我们去趟九寨沟花一两万元太浪费,我说,嗨,不就是一平方米的房子吗? 用别人的一平方米换我们的开心,这多划算!"小陆笑着说。

勉强在郊区买房、每天赶路、累个半死,和身居繁华、来去轻松、面积适宜相比,哪个生活品质高呢?

有许多人租房居住的原因是不想当"房奴"。从目前我国城市的房价收入比来看,根据中国指数研究院提供的数据,在 2009 年,一线城市的房价收入比普遍超过 10,其中深圳为 15.1,北京为 14.9,上海为 9.7;二线城市的厦门、杭州也分别高达 13.1 和 10.9。在发达国家,房价收入比超过 6 就可视为泡沫区,国内一些城市远远超过 6,可见泡沫的严重性。联合国相关机构曾经在世界范围内对房价收入比做过调查,房价收入比最低的仅为 0.8,最高的为 30。房价收入比平均值为 8.4。①

---

① 2010 年中国居民生活质量指数报告. 社会蓝皮书 [J],社会科学文献出版社,2010.

　　以深、穗、沪、京为例，一套三室一厅新住房价格逾 300 万元。这些城市的人均月收入在 4000 元左右，家庭月收入约 8000 元。假设这个家庭将月收入的 50% 用来买房，每个月是 4000 元，一年 5 万元不到。普通家庭购置一套房子需要 60 多年的收入。

　　房价收入比越高，说明普通家庭购房的负担越重，购置房子居住更困难。无力购房自住的普通家庭不得不租房居住。未到门槛或者收入太低的普通家庭无力申购保障房，也不得不租房居住。

　　根据 2009 年 6 月 25 日发布的《上海市经济适用住房管理试行办法》，在上海要申请经济房需满足六大条件：在户籍方面，必须具有上海常住户口 7 年以上，户籍在申请区 5 年以上；人均居住建筑面积在 15 平方米以下；家庭月均可支配收入 2300 元以下，可支配财产 7 万元以下。此外，在申请经济适用房前 5 年，未发生过房产交易行为。尽管 2010 年 9 月，上述门槛有所降低，月均可支配收入限额放宽到 2900 元，可支配财产放宽到 9 万元，大量工作时间不长的青年仍被挡在门外。

　　许多青年工作时间短，买商品房付首付不够，申请经适房条件不够，只好高价租房。

6.4
农民工

　　目前我国处于城市化加速期，城镇人口比重从 1978 年的 18% 增长到 2009 年的 56.59%。如果未来 30 年内比重提升到 75%，每年将有 1000 万农民进入城市。其住房保障的责任无疑会落在政府的肩上。

　　来自河南的小焦夫妻 2002 年就来京打工了，租过不少房子，刚来那会儿房租只要 200 元。随着北京房价的不断上涨，他们也在不断搬家，半年前花了 800 元租下了现在住所：一套 175 平方米的三居室隔断成的 10 个小间中的一间。小焦的妻子说：这个价格，能租到这样的房子已经不错了。外地来打工的租不起贵的房子。如果不打隔断，一间房租金要 1000 多元。我们家里有孩子，能省点就省点。

　　和小焦夫妻住在一起的共有 15 个人，除了 6 位刚毕业的大学生之外，其他人基本上都是从事家政、销售等服务行业。房租持续上涨，无力支付高房租，合租实出无奈。

从河南来京打工的吕大姐租住在黄日新的"胶囊公寓"旁边，与6个老乡一起租了一间约30平方米的房子，屋里除了床铺外什么都没有，月租要750元。吕大姐一直在关注"胶囊公寓"，得知黄日新要拆除"胶囊公寓"，她觉得十分可惜。她说："我们租房都拿'胶囊房'价格比，这一间200多元钱可以住两个人，还有一个公共的厨房和厕所。他一拆，明年房东肯定就要涨价了。租不起了，我们就只有搬到六环、七环外。"

僧多粥少。据市统计局的资料，至2009年年底，北京市常住人口1755万，其中外来人口509.2万。有人据此推算，至少有20万～50万人要选择合租或群租才能租到住所。据统计，目前北京城区加郊区共有可出租房屋大约240万套，而有租赁需求的人口约700万人。另有2009年的统计数据显示，目前居住在中心城区1.7万地下室的蚁族（鼠族）近80万人，在人防工程中也有15万人左右。百万北漂大军九成是"80后"。

在第3章介绍过，目前建筑业比较热乎，手艺好的农民工有时一天能拿五六百元，一年会有十万元收入。那么他们的居住状况如何呢？

2011年元月《潇湘晨报》报道了某建筑工地农民工的住房情况。

一排8个"集装箱"宿舍整齐地摆放在工地一旁，就像一个个巨大的柜子。外面涂有白色涂料，每个"集装箱"开了两扇窗户。房间地上装了红色底板，摆了5张上下铺的铁架床，上铺距离屋顶只有1米多。来自浏阳社港镇的农民工周乐富说，"集装箱"经过了特殊处理，两层铁片里面夹了泡沫。不过由于没有供暖设备，周乐富说他晚上盖了两床被子都会被冻醒，但至少不会灌风进来，比住工棚要好。

集装箱改装成的简易工人房，由工地免费提供给工人们居住，一间"房子"住10位民工。"集装箱"出租者是从深圳过来的，租一个集装箱的费用为每天6元，低廉的价格受到市场的青睐，平均每个月能租100多个。

周乐富也希望能租房居住，不过每月几百元的房租已超出了他的经济承受能力。附近某楼盘的均价5500元，租一个单间需要400元上下。

住"集装箱"比工棚要好，却不是所有的农民工都可以入住的。第 5 章介绍过"农民工一元公寓"，那些尚未找到工作的进城农民的居住是一个不小的问题。他们的安居希望是否也能够寄托于第 9 章介绍的"中国模式"呢？

6.5 创业期的企业

短短不过是 10 年时间，员工从 18 名发展到 8000 名，资产由 50 万元人民币陡增至 200 亿美元，"阿里巴巴"的成长经历堪称一个商界传奇。其主要创始人马云在国内的名气，远没有在国外响，2000 年 7 月 17 日，他的相片就登上国际权威的财经杂志《福布斯》封面。马云是很多人熟悉的商界精英，许多青年人视他为学习的榜样和偶像。回顾马云初创阿里巴巴公司时的一些细节，十分富有启迪。

2008 年 3 月上海市"两会"期间，市委书记俞正声就"上海为什么没出马云"进行了反思。他说，马云给了他一个"刺激"："有一天我见了阿里巴巴的老板马云，他跟我说，阿里巴巴一开始是在上海，后来回到了杭州"，"我为失去这样一个由小企业发展而成的巨型企业感到相当遗憾"。此事经媒体报道之后，在全国范围内引起了热议。

阿里巴巴公司于 1998 年创业时，筹措到的资金只有 50 万元。马云说："以前，我把总部放在上海，在淮海路租了一个很大的办公室，装扮得漂漂亮亮的，结果一年下来特别累心，招人招不到。他们说阿里巴巴是哪儿的公司？几乎没有人理我们。最后，我们决定从上海撤离，先是选定了北京，最后觉得还是回杭州好。"

马云为什么离开上海，最后回了杭州呢？按他自己的说法："在北京和上海，我们是 500 个孩子中的一个，在杭州，我们是杭州唯一的孩子，至少我们能够受到更多的重视。"

注意一下马云仅仅筹集到 50 万元资金，考虑一下上海（还有北京）高昂的房价和租金，我们不难明白马云将阿里巴巴迁回杭州的真正原因。在上海招聘不到员工，一个重要原因是阿里巴巴资金有限，又要承受上海昂贵的房租，开出的薪酬待遇自然较低。——阿里巴巴创业时期，每个人工资 500 元。不难设想，阿里巴巴若继续留在上海，或者赴北京发展，很可能早已"夭折"！

清华大学雷家骕认为，一个城市的商业文化和创业成本对成长中的民营企业来说是很重要的。"对刚开始创业的小企业来说，不管是不是高科技企业，生存都很艰难"。他说，一个创业企业首先要有现金流，最后做到逐步赢利，但刚开始创业的企业基本都是亏损的。

——不是上海出不了马云，而是马云在上海长不大！员工都招聘不到，阿里巴巴在上海谈何发展？

亏损中的阿里巴巴离开上海，回到杭州以马云的家为"公司总部"。客服人员、财务人员、市场人员、网站维护等 30 多个人全部挤在 140 多平方米的一套居室里。这一做法省下了数目不小的租金开支，为阿里巴巴的发展挤出可观的资金，最终壮大成为 IT 巨人。

6.6
国外的公租房

德国是世界上租房居住率最高的国家，约 60% 的人是租房居住。为实现对低收入群体的住房保障，政府从三个方面努力。一是鼓励低收入家庭参加住房储蓄，年收入低于 5 万马克的单身公民或低于 10 万马克的夫妇，每年可得到储蓄额的 10% 奖励。二是鼓励低收入者加入住房合作社，以其名义建房（出租），享受土地、税收优惠，低收入社员支付房租超出其收入 1/3 部分由政府补贴。三是政府与社会投资者（建筑商、开发商）签订合同，提供长达 30 ~ 35 年的无息贷款，由社会投资者在指定区域建房，在合同期内以成本价出租给低收入群体，租金与市价的差额由政府补贴，合同期满，住房可按市场价格出租出售。①

美国自 20 世纪 60 年代初开始鼓励私营企业参与公租房建设，联邦住房局还提供公租房建设贷款担保。建成的公租房以市场价格出租，低

① 中国社会科学院．中国住房发展报告（2010 ~ 2011）［J］．社会科学文献出版社，2011：286 - 287.

收入家庭支付 30%（20 世纪 80 年代后降为 25%），差额由政府补齐。据统计，美国私营企业建设并持有的公租房占了 1/3。

央视《华尔街》学术顾问陈思进写了一篇介绍美国租房生活的文章，他山之石可以攻玉。摘要如下：

纽约是全美住房消费负担最重的城市。曼哈顿更是寸土寸金，房价非常高。不过，租房市场因为政府与私营部门的合作而保持稳定。联邦住房和城市发展部纽约地区负责人阿道夫表示，纽约的房地产市场以租房为主，为中低收入人群提供有品质保证又能负担得起的公寓房，是纽约市发展的一个重点。纽约一直实施廉租房政策，中低收入阶层用较少的租金就可以租到较好的公寓。

斯泰弗森特社区就是一个典型的廉租房项目，属于由私营企业与政府合作面向中低收入人群的住房项目之一。包括曼哈顿第 14 街到第 20 街的 6 个街区有 100 多幢居民楼，专门面向中低收入人群，租金约为市价的一半。

芭芭拉和丈夫已在这个社区居住了近 12 年，租住的是面积约 55 平方米的一居室公寓：客厅 26 平方米，卧室 15 平方米。这样一套公寓在曼哈顿月租 3000 美元，而芭芭拉夫妇俩只需付 1500 美元。

在攻读城市发展研究生课程的芭芭拉认为，社区的运营维护非常完善，每 6 年会为租户重新粉刷公寓，并确保各种设施运营正常。住房出现水、电等问题，物业上门维修。卫生间一直沿用第二次世界大战后的设计和用具，至今使用起来一点问题都没有。社区中心地带有喷水池、草地，24 小时有保安巡逻。

这个社区项目始于 1947 年，最初是为第二次世界大战退伍军人提供廉价的住房，逐渐演变成面向中低收入人群的保障性住房项目。一幢幢红砖楼大部分是适合出租的公寓。这一项目由私人公司营建，享受政府补贴，因此房租低廉，吸引了众多申请者。芭芭拉的申请等了 3 年多才被批准，和许多等了七八年甚至 10 年的人相比，她是非常幸运的。

作为国际化大都市，为了吸引并留住人才，特别是收入较低的青年，纽约还采取了退税、补贴等措施让年轻人安居乐业。此外，联邦政府还向纽约提供"街区基金"，是社区建设专用基金，以建设普通民众能够负担的住房。

纽约市的法律也从各方面保障租户利益，让租房的人有安全感。房东不能随意增加房租、毁约，不能赶走房客，在住进新房客前还必须将房屋重新装修，房东负责提供房屋的日常维修服务。在人口800万的纽约，有超过100万套固定租金公寓，由政府同房东和租户共同签订协议。这种公寓租金每年涨幅很小，租户只要按时交房租，就不用担心被房东赶走。

如何学习借鉴西方国家在住房保障方面的成功经验呢？——我们在第9章全面讨论。

第**7**章

有房者的烦恼

有人觉得房子是身份和地位的象征，能给有房者带来自信、安定和幸福。实际情况果真如此吗？

"房奴"意为房屋的奴隶，透露出无限的辛酸。这个 2006 年开始流行的词，伴随房价飙升，成为教育部 2007 年公布的汉语新词汇。"房奴"是指城镇居民抵押贷款购房，在生命黄金时期中的 20～30 年，每年用占可支配收入的 40%～50%（甚至更高的比例）偿还贷款本息，形成长期的生活压力，影响教育支出、医药费支出和赡养老人、抚养子女等，造成家庭生活质量大幅下降，让人感到奴役般的压抑。

"房奴"只是部分普通人购房后获赠的称谓之一，有一个更为严峻的问题供有房者思考：你购置的房子真的属于你吗？

7.1

你是不是"房奴"？

许多人出于结婚或者居住需要，硬着头皮超前购房，成为"房奴"。一般认为，按揭月供占家庭月收入 30% 以下是比较安全的，若超过 50%，工作、生活可能会受到影响。有些购房者，月供达到月收入的 70% 以上，其未来风险十分巨大。

7.1.1 加息

加息被认为是遏制房价上涨的"猛药"。2010 年圣诞节，中国人民银行宣布上调金融机构人民币存贷款基准利率。时值岁末，突如其来的加息令房地产市场再一次感受到"从紧"的寒意。这是 2010 年第四季度央行的第二次加息。

虽然两次加息幅度不大，按揭购房的月供仍增加了不少。以贷款

100 万元、20 年计算，如果是首次购房，执行基准利率，加息后贷款利率为 6.4%，两次加息累计提高了 0.46%，总利息增加 64137.55 元，月供增加 267.24 元。如果执行八五折优惠利率，加息后贷款利率为 5.44%，两次加息累计提高 0.39%，总利息增加 52276.67 元，月供增加 217.82 元。

同在这个圣诞节，住建部通告上调公积金贷款利率。5 年期以下（含 5 年）从 3.50% 调整为 3.75%，5 年期以上从 4.05% 调整为 4.30%。

央行在一个季度之内两次加息，说明中国已经步入加息周期。2007 年的那轮加息周期，央行在短短的 10 个月内连续加息 6 次。按揭购房者开始担心，加息会一次紧跟一次，每月增加的按揭购房支出越来越多，生活会受到严重影响。

7.1.2　婚姻隐患

小娜最近数月心神不宁，几次出现工作差错。经了解得知，2010 年 6 月，小娜老公想再购一套房子作为投资。预算发现，需要贷款 100 万元，分 20 年还清，按一套房利率，总共需还 150 万元，若按第二套房利率，需还 180 万元。相差了 30 万元! 小娜和老公前年结婚时已经购置了一套住房。根据 2010 年 4 月执行的房贷新政。再买房子只能算第二套房。为了节省 30 万元，老公与小娜商量：假离婚。小娜犹豫良久，无奈同意。过了些日子，慢慢觉得不妥，害怕离婚弄假成真。同事们知道原委后默默无言。小娜心里的担心只有等到他们夫妻复婚后才能消除。

某媒体做过调查：为了贷款买房节省费用，你会选择假离婚吗？——有四成的人表示：愿意。该不该批评那些出于节省购房费用而假离婚的人呢？他们假离婚的目的不过是为了多购一套房子，为家里省钱。问题是，若是弄假成真怎么办？

7.1.3　威胁身心健康

高房价不仅大量吞噬了购房者的未来收入，而且长期危害着购房者的身心健康。2010 年 11 月，中国医师协会等团体发起的 "2010 中国城市健康状况大调查之房奴及宜居环境"，结果表明：七成 "房奴" 买房后生活质量下降，只有两成 "房奴" 表示开心，逾六成 "房奴" 被焦虑、恐惧等负面情绪折磨。

在 4 万多接受调查者中，受房价的影响，有将近一半的人居住在郊区。受高房价左右，多数购房者已经顾不上房屋环境是否宜居。

很多贷款买房的人需要强打精神应付每个月高额的账单，身体的透支及重压下紧绷的精神，积累下来即使是铁打的身体也必然出现问题。颈腰椎病、肥胖症、心血管疾病、消化性溃疡、精神或心理疾患、溃疡性结肠炎成为威胁 "房奴健康" 的六大疾病。

专家表示，过高的住房按揭月供对身心健康的危害将延续整个还贷期，长达二三十年。

7.2
房价下跌之忧

对于国内房价的未来走势，仁者见仁，智者见智。黎民百姓有黎民百姓的看法，专家有专家的见解，业内人士有业内人士的评论。我们决策时务必慎重的是，不可忽视其立场或出发点，避免受误导。一部分人的某些言论是有其利益背景的。国家可以通过政策影响经济的运行，影响程度与政策的执行力度息息相关。

若房价下跌，高价购房者有苦难言。

7.2.1 机构观点

中国社会科学院《经济蓝皮书》关于 2011 年房价的预测，有三种结论，决定因素是政府的调控决心和方式，改革的力度。

1. 如果调控不力，一种可能是陷入价格上涨与暴涨之间的恶性循环。

2. 如果调控放松，房价将会报复性反弹，价格可能上涨 20% ~ 25%。

3. 第三种可能是房价略有下降或者温和上涨。

　　大涨、微涨与微降都有可能，社科院认为，最不可能的是暴跌。根本原因是，2009年地方政府依靠土地财政的情况没有好转，2011年也很难有根本改观。

　　中国人民大学经济研究所发布的《中国宏观经济分析与预测报告》称，2011年上半年房地产行业资金链将出现严重问题，房地产价格将出现接近20%的下滑，预计2011年3~4月是楼市全面调整的时间节点。

7.2.2　专家见解

　　独立经济学家谢国忠认为：中国房地产已进入熊市，大城市房价可能降一半。从2010年4月起，他就认为楼市泡沫即将破灭。至年底明确表示，国内房价已经见顶，已进入房地产熊市，将持续5年左右。部分省市房价可能会下降80%，甚至更多。房价必须下降到工资和投资收益可以支撑的水平。现在的租金回报率不到3%，必须回到5%以上，每平方米的单价则不应超过两月的平均工资。大城市的平均房价很可能会下降一半以上。

　　北京某大学房地产研究中心主任董某表示，中国的房价真的不高。如果说房价贵了，违反了经济学最基本原理。大家在工作之外有一定的兼职收入、灰色收入、财产收入没有往里算。房价衡量不是按照每个人的收入衡量的，是总供给和总需求，什么是总需求，总需求是集合不满足，市场决定这个价格高低，合理不合理，不以某个人来衡量。

　　——广大青年（大中专毕业生、高中毕业生）、普通百姓确实应该算算自己有多少兼职收入和灰色收入。

　　社科院金融研究所金融发展室研究员易宪容说：目前的房价，谁说房价不高，我觉得这些人太没良心。三辈子的人买一个房子，你说这个房价高不高？

7.2.3　房地产开发商意见

　　因2010年5月在大连参加住宅与房地产高峰论坛遭遇"鞋袭"事件，再度成为媒体焦点的北京市政协委员、华远地产股份有限公司董事长任志强语出惊人：“和居民工资收入相比房价等于没涨”。这是他在博鳌论坛“调整中的中国房地产市场”分论坛上表述的。此言论经媒体报道后，骂声如潮。

任志强以敢道出其他开发商不敢说的话，被誉为地产界的“思想者”，也有人称他“任大炮”，视其为“全民公敌”。每有政策出台，他总是以充满争议且令人震惊的观点高声应和，许多言论屡为人诟病。

任志强这样证明自己的观点：1978 年月工资全国平均 28.6 元，到现在已增加了 100 倍。1978 年大白菜 2 分钱一斤，现在 2 元钱一斤，也增加了 100 倍。房价只增加了 16.6 倍，和工资收入比相差太远了，房子等于没有涨价。

任志强忽视了 1978 年前后中国普遍存在的现状：绝大多数干部、员工享受福利分房，根本不需购房居住。缺少成交的商品价格，不是商品的市场价格，难以体现商品的实际价值。1978 年前后，房产交易稀少，价格并未体现其价值。一个工厂生产的服装标价 1 万元，但从未售出过一件，能说它生产的服装很值钱吗？

作为中国地产首富、有着商业地产“教父”之称的万 × 集团董事长认为：房价 10 年难降。他的理由是“土地征收条例”一旦通过，土地将会变得更加昂贵。

任志强则这样说：“其实中国有的是地，我从来没有觉得中国没有地了，960 万平方公里，我们只占了全国国土的 0.3%，按同样的人口密度，1% 的国土就可以把中国的 13 亿人全放在城市里，会用多少土地？用不了多少。”

限购对房价影响大。全国政协委员、广州星河湾地产控股有限公司董事长黄文仔表示“鸭梨”很大，不仅广州，包括北京、上海等城市 2011 年成交量至少会下滑 60% 以上，“卖不出去，肯定要降价”，2011 年楼市“回落 20%”。

7.2.4　普通百姓看法

中国人民银行营业管理部 2010 年 12 月公布的居民购房需求调查显示，对于 2011 年一季度房价“看跌”的超过“看涨”的，比例分别为

26.9%、20.6%。约九成居民认为目前房价高，购房意愿明显回落。此次调查共发放问卷 1300 份，回收有效问卷 1043 份。①

目前，越来越多的卖房者愿意降价出售。在有售房意愿的居民中，有 16.3% 愿意降价出售，较三季度提高 5.3 个百分点；有 59.8% 不会降价出售，较三季度下降 1.2 个百分点；另有 23.9% 的居民在犹豫，是否降价出售难以抉择。

有超过五成居民在高房价的影响下，在未来一年都没有购房意愿，创 2008 年以来的新高。有 18.1% 的居民有购房意愿，一年后有购房意愿的居民占 27%，两者占比均有所下降，而没有购房意愿的居民占比 54.9%，较上季大幅上升 11.5 个百分点。

2010 年一季度，北京市投资性购房居民占比曾高达 23.1%，而到四季度，在有购房需求的居民中，投资性购房居民占 16.7%，比三季度下降 3 个百分点，也是 2010 年新低。

7.3

房产税渐行渐近

在正式推出之前，普通百姓曾经认为个人所得税与己无关，如今很多人发现自己的工资单中有"个人所得税"一项，而且或多或少有被扣金额。

据媒体对涉及购房的税负调查，一个人支付的购房款中地价和税费占了 55%：地价 40%，税费 15%（参见第 3 章）。

7.3.1　房产税

房产税是以房屋为征税对象，按房屋的计税余值或租金收入为计税依据，向产权所有人征收的一种财产税。为各国政府广为开征的一个古老税种。

许多国家都征收类似于房产税的税种。新加坡对所有房产征收物业

---

① 北京市 2010 年第四季度城镇居民购房需求问卷调查综述．中国人民银行网站。

税，自住房产税率4%，其他类型的房产是10%。日本对房征收不动产取得税、固定资产税（标准税率为14%）、遗产继承税与赠与税等。韩国的财产税和综合土地税达到惊人的30%，并有可能整合为资本收益税，第二套房产税率为50%，第三套60%。在法国，持有不动产者每年按3%的公平市场价值缴纳不动产税。德国不动产税根据评估市场价值的1%～1.5%征收。意大利不动产税按照税务评估市场价值的0.4%～0.7%征收。美国的不动产税归在财产税项下，税基是房地产评估值的一定比例，各州的税率不同，1%～3%。① 在纽约曼哈顿，地产税高达3%。由于房价不菲，一套公寓价格百万美元，每年单交地产税就3万美元。宋美龄当年居住在中央公园附近的Penthouse，价值7000万～8000万美元，每年地产税200多万美元。就是白送，许多人也住不起。

7.3.2　真的要交房产税吗？

1986年9月15日国务院发布了《中华人民共和国房产税暂行条例》，适用于国内单位和个人。依该条例，个人所有的非营业用的房产免纳房产税。也就是说，如果房子不是用于生产、经营，也没有出租给他人，是不需要纳税的。

媒体热议的"房产税"开征后，自住的、闲置的房产都有可能需要纳税。

2009年5月起，政府多次释放开征房产税的信号。地方政府对于房产税热情高涨。试点城市重庆下发了通知，积极做好征收房产税的准备工作。上海多次传出房产税试点传闻。市长在2010年12月的上海市经济工作会议上表示，2011年将做好房产税改革试点准备。有报道称，居民若新增购房，政府将对其名下超出200平方米的那部分房产征税。税率可能在5‰到8‰之间。

除上海和重庆，深圳也可能进入首批试点之列。中国开征房产税已经没有太大的悬念。有人指出，即使尚未还清银行贷款的那些住房也有可能需要缴纳房产税，颇有黎民百姓贷款纳税之意。

①　刘植荣. 美国1套500平方米别墅要花多少税费. 人民网.

细心的读者发现，有关通知或文件在提到房产税的同时，多次提到物业税。物业税会不会成为继房产税之后，以房产为课税对象的一个新税种呢？

物业税又称财产税或地产税，主要是针对土地、房屋等不动产，要求其承租人或所有者每年都要缴纳一定税款，而应缴纳的税值会随着不动产市场价值的升高而提高。从理论上说，物业税是一种财产税，是针对国民的财产所征收的一种税收。

有房者关心房产税是因为会增加持有房产的支出。其实，无房者更应该关心房产税，因为可能会推高租房费用。房产税或会惠及更多的黎民百姓，如果征收的房产税应用于建设保障房的话。

7.4
拆迁之痛

你新买的房子计划拆迁了，你还不知道？——可能远在一部分人购置的房产动工兴建之前，那些楼房早已经列入了某些人心目中的拆迁计划。

商品房不同于保障性住房，不是"公屋"，而是"私屋"。"风能进、雨能进、国王不能进"形象地说明了"私屋"不容公权力任意侵犯。由于已经支付了全部的土地使用成本、房屋建筑成本以及各种税费，商品房是其所有者的一种"私有财产"。一幕一幕的强拆悲剧在诉说，或者在一个不太短的时期内，我们还不能拥有真正意义上的私屋。

7.4.1　一半住房得拆

2010 年 8 月在广州举行的中国地产金融年会上，住建部政策研究室主任、中国城乡建设经济研究所所长陈淮指出，"我们还至少有一半以上的住房在未来 15～20 年得拆了重建"。

陈淮表示，能够在城市中保留下来的房子就是 1979～1999 年建设的房改房，还能存在 10～15 年。城市中真正能够长期保存的一些建筑物，是 1999 年到现在 10 年间建的房子。

环顾身边在拆的住房，就会知道陈淮的话并不夸张。

7.4.2　农民栖身猪圈

据中央人民广播电台报道，2010 年 12 月初，××县气温降到冰点。该县×湖村就像一处大工地，一排排民房被推土机推倒，砖头石块等杂物堆在各家的宅基地上。这是镇政府为了完成土地增减指标，突击强拆农民住房，征用农民宅基地。因为房子拆得突然，有的人家部分家具未能搬出。在一户村民的原住宅旁，两张铁床露天摆放，四周用芦苇席围着，里面寒气逼人。旁边一户人家则在简陋的猪圈里搭了临时住处，一张床和一张桌子挤着 5 口人，猪圈的顶部摇摇欲坠。①

据了解，农民被要求到指定地域自建住房或购买商品房，但是得到的拆迁安置补贴款不够买房或建房。涉及搬迁的村民每亩补偿 3000 元，而到指定地域购买宅基地自建房每亩要 8000 元，开发商建好的房子每平方米 720 元，无论是购买统一住房还是买地自建，每户大约需要 10 万元。村里不少人出不起，只能投亲靠友或住在废弃的小学里，找不到住处的就搭了临时窝棚。

被拆迁者得到的补偿与重新购买宅基地自建房之间巨额的资金缺口，或被拆迁者得到的补偿与购买商品房之间巨额的资金缺口，道出了被拆迁者"抗拆"的根本原因，也揭示了拆迁者"强拆"的真正动机。

国务院曾指出，开展农村土地整治，要把维护农民合法权益放在首位；要充分尊重农民意愿，涉及村庄撤并等方面的土地整治，必须由农村集体经济组织和农户自主决定，不得强拆强建。推土机推倒的不只是当地农民赖以御寒的房屋，还在中央政策和农民权益之间，推出了一条"隔离带"。

7.4.3　"谁家的孩子谁抱走"

××市发生了一起数名小学教师因不配合拆迁被强制停课事件，

———

①　××一镇强拆逼村民住猪圈　政绩崇拜致公权滥用［N］. 京华时报，2010 - 12 - 12.

《中国青年报》记者进行了深入采访报道，可以窥见公职人员"抗拆"的遭遇，明白公职人员"抗拆"有多么艰难。① 有房者走"抗拆"之路是非常不明智的，"钉子户"难当。在房价下跌周期，一些人更容易因补偿远低于购房支出，不甘心亏损而抗拆。

张熙玲是该市××县××镇史庄中心小学的教师。2009 年 10 月，她在县城的房子被列入拆迁范围。由于认为补偿标准不合理，张熙玲一直不同意在拆迁补偿协议上签字。11 月 9 日上午第二节课刚下，镇总校长郑××来到她的办公室，宣布教育局通知："从现在开始，对张熙玲老师实行停课处理，学校的一切事情由校长安排"。张熙玲惊呆了："这都是我太'顽固'的后果"。那段时间，县教育局党委书记及郑××多次找她谈话，希望她配合拆迁。和张熙玲一起被宣布停课的老师还有该县××镇某小学的李玉梅、第四小学的郑红霞。她们和张熙玲住同一栋楼，都是拆迁户。

记者就停课一事采访时，县教育局党委书记矢口否认"绝没有的事"。但记者在考勤记录上看到，张熙玲在某工作时段不是像其他人一样画钩，而是写着"拆迁工作"。学校出具的张熙玲出勤证明上，11 月 9 日至 16 日是空白。

张熙玲担任三年级和六年级两个班的英语教学，被停课后，学生们被安排自习或改上其他课。11 月 16 日，在学生和家长的要求下，学校终于让张熙玲等几名老师恢复上课。但很快，她们又面临另一种威胁：不同意拆迁，就把她们调到偏远山区。对此，教育局党委书记表示，调动工作是局里平衡教育资源的正常工作安排。禁不住接二连三的各种压力，其他几名老师终于在拆迁协议上签字，只剩下张熙玲一个"顽固分子"。李玉梅等老师在接到调令后，接受拆迁补偿。签字后，她们很快得知：调令取消了。

据记者了解，拆迁张熙玲、李玉梅、郑红霞居住楼房的主体是县土地整理中心，为县属机构。政府将这块土地统一征收，拆迁完毕后将挂牌出让。为使拆迁工作进展顺利，县里采用了"谁家的孩子谁抱走"

① 王俊秀. ××××：不配合拆迁，教师被强制停课［N］. 中国青年报，2010－02－20.

的工作方式——拆迁户分由各单位"负责"。记者在一份"任务表"上看到，拆迁户及其家庭成员按照其工作单位划定"责任单位"及"责任人"……夫妻双方都在公职机关工作的拆迁户，往往受不了这样的"两头夹攻"，被迫早早签订了拆迁协议。

《人民日报》报道的朱雯老师的遭遇更让人心情沉重。不仅"抗拆"之路行不通，即使有房者自己的房子未遭遇拆迁，也会因为亲朋好友的"抗拆"而陷入困境。朱雯是××省××市新区丁岗中心小学二年级语文教师。[①]

2010 年 10 月，娘家的房子面临拆迁，校长让她回家做父母的拆迁动员工作。因她的家人一直未同有关部门达成拆迁协议，12 月 25 日，朱雯被学校停课。约在 1 月 4 日，新区社会发展局工作人员打电话给朱雯说，别的老师都很好地配合了政府的拆迁工作，"有的老师看拆迁价格低，还主动补贴给被拆迁的父母"，希望朱雯也能学习"他们的高尚品德"。

课被停了，工资也停发了。朱雯"没有了 12 月和 1 月的工资"。从考勤记录上看，朱雯每天均有签到。事情在网络上沸沸扬扬，网民很惊诧于校长及当地领导的"拆迁配合不力没师德"的言论。1 月 25 日，朱雯被学校会计告知，停发两个月的工资已如数打到她的工资卡上。朱雯虽然拿到了补发的工资，但她依然高兴不起来，她不知道等待她的将是什么，因为她觉得，"毕竟把能得罪的人都得罪了"。

7.4.4　博士也弱势

12 月的北京，冷风凛冽。清华大学法学院博士生王进文获悉，在××省××市××区的家半夜突然被拆。不久，8000 字的"法学博士清华大学王进文致工学博士××市长许××先生有关拆迁问题的公开信"流传网络。有网友认为，此信"文风犀利，直指目前普遍存在的野蛮拆迁的现状"。

王进文身材瘦削，戴一副近视镜。一个文弱书生，为什么要写公开

---

① 教师动员拆迁不力被停课续：相关人未受处分 [N]. 人民网 – 人民日报，2011 – 01 –27.

信"笔伐"强拆呢？

　　和王进文家一起突然被拆房子的一共有 3 户。事后，村委会要求补签拆迁同意书。另两户签了，王进文家拒签。拆迁始于 2010 年 3 月，名义是城中村改造，此前村委会未出示开发商资质证明、拆迁许可证、建设用地规划许可证。王进文向村委会、街道办索阅这些资质，被告知是商业秘密。王进文家人遂未在拆迁协议上签字。4 月，王进文给涉及拆迁的部门发出拆迁信息公开申请，5 月市发改委书面答复：市发改委尚未对××区北三里村"城中村"改造项目进行核准。尚未核准，拆迁已经迫不及待。11 月 17 日深夜 2 时左右，王进文家的房子突然被推土机推倒。据介绍，王进文家所在村共有 527 户居民，拆迁了 524 户，有 526 户已经签了拆迁协议，只有王进文家没签。

　　17 日中午，王进文写的"公开信"就以特快专递和挂号信的方式转给××市市长。王进文说："这不是勇气，是义务和责任，博士也弱势。我只是个普通的学生，但法律还是要讲。说来你可能不信，我写信的时候很冷静，没有怨气，那无助于解决问题……我的父亲是个农民，不识字，把我养育成一个清华学生，让我掌握足够的知识，如果一个清华的博士还不能依靠自己的知识维护自己的合法利益……不可能把整个中国的拆迁寄希望于一两个人的说话，一两个人的奋斗，但是有些事总要有人出来说，有人出来做。"

　　24 日，区委副书记来到清华大学，找到了学校法学院和王进文本人，表示争取尽快妥善处理此事。对于房屋突然被拆，区委有关人员说："该村党支部书记和王进文家有亲戚关系，据村支书反映，他已经和王进文的母亲沟通过，王母口头同意。"王进文称："我的母亲从未口头同意过，如果我母亲同意的话，他们也没必要深夜 2 点拆了。事后还要求我母亲补签协议，明显欲盖弥彰。以城中村改造为名的拆迁属于政府行为，村委是村民自治组织，主体不适格，没有承担责任的资格。将这件事归结为我与村委的个人纠纷，利用所谓的亲情攻势，转移矛盾，属于政府推卸责任，回避问题，无助于事情的解决。"

　　12 月中旬王进文又回了一趟家，前往区政府协商未果，向区法院提起诉讼，一个民事诉讼（侵权赔偿之诉），三个行政诉讼（诉市发改委、国土局、规划局，违法施工、违法用地、违法规划、违法审批）。

遭逢拆迁，面对隆隆而来的推土机，法学博士也无法让自家的房子从野蛮拆迁中幸免，普通百姓又怎么能避过野蛮拆迁之难呢？

7.4.5 "公安对拆迁户要当敌对势力办"

2009 年 11 月 13 日，面对强大的拆迁人员，成都女子唐×站在飘扬着五星红旗的楼顶上，绝望之余，她用汽油浇上自己的身躯，点上了火。媒体在热议时指出，惨死的唐×不会是最后一个为了抗议拆迁而牺牲的生命。

2010 年 9 月 10 日，宜黄县暴发了"9·10"强拆事件，两人烧伤、一人致死。媒体表示，"9·10"强拆事件不会是为了抗议拆迁而自焚的句号。事后，该县县委书记、县长双双被免职。该县一名政府官员投书媒体，认为"搞城市建设需要进行大量的拆迁，如果迁就被拆迁户的利益诉求，大幅度提高拆迁补偿标准，政府肯定吃不消"，"地方政府为实施地方发展战略，强拆更是在所难免，或者说不得已为之，否则，一切发展免谈"。这名官员提出："没有强拆就没有新中国"。

与此观点遥相呼应的口号是"公安对拆迁户要当敌对势力办"。《南都周刊》2010 年 7 月报道，一名 52 岁的女子向该刊记者展示了她保存已久的"局长日记"。① 日记的主人是××市某城区房产局副局长。

2001 年 10 月 29 日的日记里，有一段某副区长某次大会的讲话记录：

"李区长强调警钟长鸣，不能低头看，要抬头看路，有职务就有责任。（1）要造势，打击和判一批；（2）触法要处理；（3）克服困难，明了责任，心中有数。××建筑公司因产权问题闹事，各单位要把维稳工作做头等大事来抓。并强调'五包一'政策：领导包调查、包协调、包督办、包结案、包稳定。'要主动出击，注意方法，请公安按敌对势力办。'"

日记中还详细记录有专门用于拆迁的"五招三十六法"：

第一招为"惠民拆迁，让利于民"，其下有"低保救助"、"优抚安

---

① ××××市××区房产局副局长日记"泄密"［N］. 南都周刊，2010 - 07 - 07.

置"、"弱势补偿"、"最低住房保障"、"居住地一致"5 法。

第二招为"以情动迁，借力推进"，其下有"赔偿安抚"、"单元推进"、"风俗安置"、"中介、搬迁助迁"、"理财助迁"5 法。

第三招为"顺势促迁，差异解决"，其下有"双向沟通"、"借势造势"、"化整为零"、"以退为进"、"就近置换"、"矛盾分割"、"定向突破"、"装修评估"、"限期通告"、"迂回助迁"10 法。

第四招为"行业助迁、部门介入"，其下有"工商管理"、"社保介入"、"民宗化解"、"统战介入"、"文体促进"、"卫生介入"、"协会介入"、"改制促迁"、"垂直管理"、"中介隶属"10 法。

第五招为"以法拆迁，公平正义"其下有"治安管理"、"检查介入"、"搁置争议"、"证据保全"、"稽查督促"、"声势助迁"6 法。

归纳总结此"五招三十六法"需要耗费不少时间和精力，足见"强拆"给基层的重负，以及对一般干部灵魂的扭曲，也容易将出身普通百姓的领导干部引向人民的对立面。

7.4.6 "没有什么发展值得用生命来换取"

一些地方先后发生拆迁户自焚事件，暴力强行拆迁导致了一个又一个惨剧。此类利用公权践踏国法，泯灭人性的行径本应从严处理，以儆效尤，主角却大都不了了之，易地为官。

2010 年 12 月 15 日《南方都市报》发表社论《没有什么发展值得用生命来换取》指出，近来因强拆而导致血案的新闻让人目不暇接，从强拆升为血拆，由远至近逼近每个人的神经，给人越来越悲怆的压迫感。

××省农民孙方学，应邀赴宴协商拆迁事宜，在宴席上惨遭杀害。××省 5 位农民，因为拆迁问题，获得政府"主动提供"的额外征地补偿，却又因为这笔"额外补偿"被以涉嫌"敲诈勒索"的名义逮捕。

社论认为，其中权力与资本各自所扮演的角色和显示的倾向更是耐人寻味，权力是惨剧背后的推手。由于畸形的政绩观和评估标准，权力从一开始就与资本结成了同盟。社论最后强调："没有什么发展值得用生命来换取，而这才是最值得各方一起守护的大局"。

以生命为盾牌，也阻挡不住拆迁的推土机。拆迁成为有房者随时可能面临的困扰。究竟是谁导演了一幕又一幕的"强拆"悲剧呢？在拆与不拆的声音背后，实际上是一种拆迁补偿多与少的博弈。一方获益多，另一方必然收益少。拆迁与抗拆本质上是一场有关各方的利益争夺战。

7.4.7　×运会建筑也强拆

2011 年 2 月 21 日《重庆晨报》详细报道了某市以"违法用地"为由，拆除某公司耗资千万元建设的一处建筑群。报道称，市长亲自到场"督战"，拆迁动用 500 多名国土、城管、公安等执法人员，以及 10 多米长的大型运输车、近 10 台钩机。此次强拆声势浩大，堪称当地近年规模最大的一次拆违行动。

经记者查实：2010 年 3 月 24 日该市政府召开现场协调工作会议，有×运会组委及该市相关局领导参加，同意给予大力支持和协助；4 月 26 日×运会组织国家和省、市多部门的领导和专家召开现场研讨会论证；9 月 23 日《××日报》刊登了该建筑群已经完成建设的新闻，并附有大幅照片。

建筑群竣工后为×运会服务。×运会结束后，收到了市政府颁发的锦旗，表彰其支持×运的行为。随后，该公司准备将这些设施建成私人博物馆，却接到了强拆通知书。

该市国土执法监察科告诉记者，2010 年 6 月在日常土地动态巡查中发现，该建筑群所涉土地存在大面积违法用地行为。建设方承认，所占用土地是向当地两个经济合作社租用的，未取得国土、规划、建设等政府职能部门行政许可，擅自占用 18.3 亩土地进行非农建设。

7.4.8　公共利益与个人利益

2011 年 1 月 19 日，国务院常务会议原则通过《国有土地上房屋征收与补偿条例（草案）》，并于 1 月 21 日起施行。该条例要求统筹兼顾工业化、城镇化需要和房屋被征收群众利益，把公共利益同被征收人个人利益统一起来。对被征收人的补偿包括被征收房屋价值的补偿、搬迁与临时安置补偿、停产停业损失补偿和补助、奖励。对被征收房屋价值的补偿不得低于类似房地产的市场价格。

在征收范围上，确需征收房屋的各项建设活动应当符合国民经济和社会发展规划、土地利用总体规划、城乡规划和专项规划，保障性安居工程建设和旧城区改建还应当纳入市、县级国民经济和社会发展年度计划。

在征收程序上，扩大公众参与程度。多数被征收人认为征收补偿方案不符合本条例规定的，市、县级人民政府应当组织由被征收人和公众代表参加的听证会。政府是房屋征收与补偿的主体，禁止建设单位参与搬迁。取消行政强制拆迁，被征收人超过规定期限不搬迁的，由政府依法申请人民法院强制执行。

业内人士认为，未来执行修改后的拆迁条例，拆迁越来越难，土地财政受冲击。新拆迁条例将面临地方政府的严峻挑战，落实到位有难度。拆迁与抗拆本质上是一场地方政府与有房者之间的利益争夺战。诸多强拆、血拆事件说明争夺战已趋白热化，地方政府需要通过土地拉动GDP，低征高拍弥补财政不足，对大多数人来说，房产是最大财产，势必以命相搏。

新拆迁条例明确了先补偿后搬迁原则。遏制强拆或血拆，人们寄希望于新拆迁条例。

7.5

"鬼城"

未达使用年限的楼房拆除重建是一种不折不扣的浪费。毛衣是用来御寒的，100元购买的毛衣本来可以穿两年。如果只穿一年就扔弃，首先是浪费了一件毛衣。再花100元购买另一件，相当于100元就能实现的御寒目的，却花了200元。——社会损失更大：300元。反之，买来御寒的毛衣无人穿也是一种浪费。

《中国商报》2010年4月的一篇文章称，根据国家电网利用智能网络在全国660个城市的调查，发现大约6540万套住宅电表读数连续6

个月为零，按国际通用的标准，说明至少这 6540 万套房子处于空置状态。——按每套 2~3 人计算，可供 1.30 亿~1.96 亿人居住。

有媒体称，建设中的××新区成为了中国最大的"鬼城"（空城）。① 该新区于 2003 年动工建设，规划面积 150 平方公里（一说 115 平方公里）。2010 年 11 月媒体指出，新区房屋空置率 90%，几近空城。官方反应强烈，管委会发布了一份数据，表明新区入住率 90%，常住人口 30 多万。该省财经政法大学 12 名大学生历时两个月，统计了 6 区 29 家大型楼盘、1.1 万套商住房得出的结论是，新区商住房空置率超过 55%。按国际惯例，商品房空置率在 5%~10% 为合理，10%~20% 为危险，20% 以上为严重积压。如果 12 名大学生的调查结果可信，那么将住房空置率 55% 的××新区称为一座"空城"，不算危言耸听。

2011 年元月，有记者走访了一处待发售的××新区楼盘。售楼小姐称，预计售价每平方米 1 万~1.5 万元（为老城区住宅平均售价的 2~2.5 倍）。对月均收入 1800 元的当地人来说，新区里的住房是一个遥不可及的梦。据估算，××新区总投资在 2000 亿元以上。这无疑是一个天文数字，该市年财政收入只有 50 多亿元、年均城建资金 6 亿元。

有专栏作家做过精妙的描述：近年中国城市的市政发展，几乎采用的都是"×连 2.0 版"模式，政府搬迁到一个新区：居中是巨大的行政中心，旁边有两幢矮小一点的建筑：人大和政协办公楼，楼前必有巨大的广场，广场上必有喷泉，广场旁有一条八或十车道的马路，沿路附近有体育馆、博物馆之类的巨型建筑。"低头是铺装，平视见喷泉，仰脸看雕塑，台阶加旗杆，中轴对称式，终点是政府"是老百姓对城市广场的幽默描述。

有研究者认为，沦为政绩形象工程的城市建设过于急功近利。国际大都市风、开发区风、广场风、草坪风、地铁风、CBD 风……一阵接一阵，每次狂风过后，城市的个性和特色就被磨平一次，留下了许多形象工程和政绩工程。如果幸运，政绩工程成为形象样板工程，就是各色政府官员晋升的台阶；如果不幸沦为垃圾工程和烂尾工程则弃置一旁，成

---

① ××××新区"鬼城"之说不实. 新华网.

为了城市脸上的"粉刺"和"伤疤",也不会有人因此被问责。

　　知名的"鬼城"还有多处。"鬼城"是房地产泡沫经济的一个怪胎,是 GDP 政绩的一个畸形儿。2010 年 8 月揭晓的中国城市国际形象调查推选结果显示,有 655 个城市正计划"走向世界",200 多个地级市中有 183 个正在规划建设"国际大都市"。由此引人深思,城市究竟是任职一届半届的市长的城市,还是世世代代繁衍生息的普通百姓的城市?城市的规划建设究竟是市长说了算,还是由普通百姓做主?

第8章

无房者的快乐
——你不是居无定所的

租房确实是无奈之举，重要原因是我们初入社会，工资收入低。这应该坦白承认，无需隐瞒。然而，有许多事例证明，在房地产行业发展的特殊时期，在人生旅途的特定时期，租房是非常明智之举！

　　国家领导人也在倡议租房居住。中共中央政治局常委、国务院总理温家宝，2010年12月26日在中央人民广播电台直播间与听众交流时说：住有其居，并不意味着每个人都有自己的住房，有些刚毕业的学生、有些农民工可以先租房。此前的11月14日，温总理在出访澳门时，有当地青年对他说，现时澳门楼价太贵，要求政府介入控制为楼市降温。温总理回应说："这里有多方面的因素，也很复杂，如果真的买不到房，可以考虑用先租的办法"。

　　退一步说，在当前阶段，国家有困难，暂时无法满足普通百姓在住房方面的各种需求，作为有知识、有文化新一代青年更应该为国分忧。

　　据报道，在全球最富有城市之一的纽约曼哈顿，高达90%以上的居民都是租房住的。由于一套普通的公寓价格也在上百万美元，许多百万富翁也不得不租房居住。

　　"哈租族"在都市逐渐壮大。不同于贷款购房、购车的房奴、车奴，他们的"租生活"延伸到了生活各个方面：没钱买房就租房；没钱买车就租车；没钱买名牌衣服就租衣服；没钱买宠物就租宠物……甚至一些剩男剩女，为了让父母高兴，逢年过节回家就租一个男（女）友！"哈租族"的某些做法应大受赞赏，并予以大力推广。如租房、租车等。

　　在经济增长为主的指导思想和"土地财政"的拉动下，个别地方政府忽视了租赁性住房建设，在一定程度上加重了广大青年、普通百姓的住房困难，亟待纠正。租房是一种耻辱的旧观念也必须尽快转变。

8.1

"没房也嫁你!"

拥有自己的房屋,对于全世界刚刚成家立业的年轻人而言,都是一个梦想。高房价阻碍着我们这个梦想成为现实。

尽管日本房地产业经历了长达15年的低迷,可房价仍然让工薪阶层望而生畏。据《富士产经新闻》报道,东京高级住宅价格排名世界第三。日本年轻人结婚,有的租房,有的住集体宿舍。大公司或者政府机关都为职员提供宿舍——"社员寮",属于集体福利,价格比民间租赁便宜。很多年轻人需要"艰苦奋斗"10年左右,才能攒下购房需要的首付款。日本年轻人购房一般不会"啃老",一是因为用父母的资金购房手续繁杂,还需缴纳"赠与税"。二是年轻人独立意识较强,结婚后就不愿依靠家里。据日本某公司调查,租房结婚的比例高达67.1%,买房结婚的夫妇仅为14.3%。

美国年轻人结婚时兴租房。根据劳工统计局最新调查,52%的首次购房者年龄在31岁,而美国人一般在21岁工作,26岁结婚。也就是说,超过一半的美国人选择在工作10年、结婚5年以后才买房子。美国人买房,一般借助银行贷款。据全美住房担保协会统计,有70%的房屋是通过贷款购买的。

因为房价太高,法国年轻人不热衷买房,也不想从此被房子"拖住",高额的购房贷款无疑是一种约束。

德国年轻人也大都喜欢租房。近年来德国房价一直较低,每平方米均价1000欧元~1500欧元。据联邦统计局统计,77%的青年家庭是租房居住的。年轻人是德国的"贫穷一族",按照《住宅建设法》规定,政府必须为他们提供住房。平均月租金低得令人惊讶,每平方米5欧元。数据显示,德国人开始购房或建房时的平均年龄为42岁。

在瑞典、芬兰、荷兰等国家,根据年轻人的收入情况会有一定的住房补助,鼓励他们独立居住。如果住在父母家,也往往会支付房租。由于房价太高,一些国家的年轻人不得不与父母住一起。如比利时、西班牙、意大利等。这些国家一般不为年轻人提供住房补贴。

据相关统计，西方发达国家城市居民拥有产权房比例普遍不高：美国为 68%，英国 56%，法国 57%，德国 43%。一些比例逾 80% 的国家则贫富差距较大，如罗马尼亚、保加利亚和匈牙利等。有专家认为，比较合理的结构是，30% 的人买房住，70% 的人租房住。

2010 年"两会"期间，某大学国际房地产研究中心主任、政协委员梁某大谈"80 后"无力应对高房价的建议：上海是全世界的上海，上海的房价应该和国际接轨，不应该以"80 后"的承受能力为标准。"80 后"男孩子如果买不起房子，"80 后"女孩子可以嫁给 40 岁的男人。"80 后"的男人如果有条件了，到 40 岁再娶 20 岁的女孩子也是不错的选择。——此等被批为"隔代结婚论"的"砖家"建议荒谬绝伦，不必理会！

婚后的家庭无疑需要稳定的住所。家庭生活是夫妻双方的，"家"是丈夫的家，也是妻子的家。作为"家"的重要标志，住房是丈夫和妻子的共同目标和共同责任。

一些人出身家庭富裕，或多或少可以得到长辈的资助。更多的人则需要自己奋斗。这没有什么值得叹息和害怕的。人生在世就是一个不断奋斗实现自己愿景的过程。如果拥有一套住房，营造一个温馨的家是我们的愿景，那就需要脚踏实地一步一个脚印努力，让愿景早点成为现实。

稳定是相对的。高中学习期只有三年，大学本科的学习期只有四五年。许多人在上学的时候，都觉得一节课怎么这么久，一天怎么这么长，时间为什么过得那么慢？——结婚时租一套房子居住三四年甚至七八年，这样的生活难道不是稳定的吗？

"房子不是家，有爱就有家"。夫妻二人快乐地生活绝对比拥有住房的产权重要。诚如本书第 2 章介绍的，20 世纪七八十年代国内绝大多数人都是租房居住，并未拥有自己所居住的房子产权。一对又一对青年男女在那个年代结婚、生儿育女，仍然生活得十分快乐。

如果相恋多年的对象各方面优秀，就珍惜自己多年的感情付出，条件成熟时就结婚，携手奋斗。没钱买房根本不应该成为分手的理由。如果父辈要求你们先购置房产，才准许你们结合，可以委婉地请他们回忆他们当年的婚姻生活，看看婚姻生活是否会因租房居住而不美满。作为父辈，如果自己是在婚后数十年才圆住房梦，就不该苛求下一代在结婚时购置房产。

有人这样规划自己的住房梦：结婚先租房子住，过几年攒够了首付就买一套小房子，过几年有了小孩了再换一套大一点的。买房子还是要量力而行，心里才踏实。

美国哈佛大学一项研究结果指出，要维持一个地区的活力，租房和买房的比例在1∶1时最佳。年轻人，特别是单身人士和无孩子的夫妇适合租房，只有孩子多的家庭才适合买房。

很多年轻人崇拜华人首富李嘉诚，将他视为学习的榜样，却很少有人知道他恋爱了多久，结婚时年龄多大，经济状况怎样。

14岁那年，因父亲过世，弟妹尚幼，李嘉诚被迫中断学业，谋职赚钱。他做过茶楼堂倌、钟表公司学徒、走街串巷的行街仔。1950年，22岁的李嘉诚筹资5万港元创办长江塑胶厂，厂址在偏僻的筲箕湾。那里山清水秀，但是交通很不方便，因而租金较低。李嘉诚没有多少创业资本，只得租用廉价的厂房。窗户玻璃破碎，房顶透光。资金有限、厂房破旧均未难住踌躇满志的李嘉诚，为实现自己的远大抱负，他每天工作16个小时。

为躲避战乱，1940年冬天，11岁的李嘉诚随父母从广东来到香港，投靠舅父庄静庵，认识了小他4岁的表妹庄月明。她是庄家长女，被视为掌上明珠。"青梅竹马，两小无猜"是他们童年时代的真实写照。与李嘉诚自幼饱受磨难不同，庄月明衣食无忧，先入香港大学，后留学于日本明治大学，人生道路开满鲜花。然而，庄月明没有嫌弃穷表哥。有情人终成眷属。1963年，年近30的庄月明下嫁34岁的李嘉诚，夫妻恩爱，白头偕老，传为美谈。

结婚的前半年，李嘉诚耗资63万港元买下一幢花园洋房。这就是李嘉诚至今仍居住的深水湾道79号3层宅邸。1995年第10期《资本》杂志如此介绍这幢宅邸："李宅外墙只漆上白油，外形既不起眼，亦并无海景，但胜在交通方便，两三分钟车程便可达高尔夫球场。李家大宅不算很大，约 1.1 万平方英尺，市值约 1 亿元"。在当时，拥有独立花园洋房的华人富翁寥寥无几。由此可见，结婚成家的时候，李嘉诚的经济状况已经相当富裕。

婚后，庄月明参与李嘉诚的事业，进长江公司上班，倾心倾力辅佐丈夫。长江实业上市是李嘉诚事业的重大转折，庄月明出任执行董事，是决策的核心人物之一。李嘉诚不少石破天惊的大手笔，蕴含了庄月明的智慧和心血。可庄月明始终保持低调，很少在公众场合露面，也不接受记者采访。有人评介说："人们总是说地产巨头李嘉诚，如何以超人之术创立宏基伟业，而鲜有人言及他的贤内助及事业的鼎助人庄月明女士。我们很难想象，李嘉诚一生中若没遇到庄月明，他的事业将又会是怎样的情景？"

8.2
没有还贷还债重负

赁房居住，没有还贷还债的重负，能淡然面对加息和政策调控，不用过于顾虑自己的收入。工资收入是个人隐私，单位或个人讳莫如深。网上有许多人都在"晒"工资，或者水分不少，但仍有一定参考价值。

在北京工作的一个公务员"晒"出了自己的月收入，他已工作 5 年，单位"油水比较大"。每月到手的工资 2000 元左右。加上其他收入，年平均月收入 8000 元~9000 元。

另一个在北京的公务员，一年平均下来，每月收入 3800 元~4800 元。

以他们的收入水平，如想在京购置住房，也无力一次付清。按揭购房，每月的还贷压力不轻。远离市中心的通州，房价也已每平方米 2 万多元。

据一个武汉的公务员称，平均下来，每月收入 7500 元。而她只有 23 岁，2008 年 7 月大学毕业。

媒体报道了一户蜗居报废中巴车的五口之家。冯增在郑州做汽修工，他的家乡在河南省东部的淮阳。因为在郑州没有住处，冯师傅夫妇和三个孩子，以一辆报废的中巴车为居，时间长达 4 年。

外壳生锈的中巴，四个轮毂扎在地上。车厢后半部分并排摆放着两张按照车厢尺寸专门焊制的床。床头是"客厅"，供一家人吃饭和孩子学习。一张三角铁桌是三个孩子的共用书桌。透风的车窗由硬纸糊实。车窗上挂着空调室外机，车门把手上一把老式房门大锁。

对冯增来说，靠修车铺挣钱贷款买房，并非完全不能实现。但是，有了房贷压力，全家人的生活质量会大幅下滑，三个孩子上学就有了很大困难。

冯增觉得，目前的经济实力还不适合当"房奴"。他想换个好一点的店铺，把生意扩大。

这是一位非常有远见的汽修工，令人敬佩！相信他们的未来一定会更加美好！

8.3

你有更丰厚的投资回报

在上海，豪华公寓已涨到 500 多万元一套。但是，一套市价 1000 万元的三房两厅，家具电器齐全，每月租金只要 7500 元，长期租住还有打折。千万豪宅一年租金不到 10 万元，为何还要买呢？须知，1000 万元人民币即使存银行，一年也有 20 多万元的利息，付清租金还多出 10 余万元！

北京某公司的一位小伙子，月收入属于中等偏上，是有能力按揭购房的。不过，他租房居住。他的算盘是这样打的："北京三环附近一套价值 200 万元的一室一厅，月租金还不到 3000 块钱，租 60 年才 200 万元，何必非得要买呢？"——2010 年北京市部分地段一居室租金月均价 2570 元，二居室 4085 元，三居室 5503 元。

小伙子约有 20 万元资金，遇到机会就和几个朋友合伙做小生意，逢"五一"、"国庆节"长假携女友外出旅游，日子过得轻松自在。他说："如果买房，生活质量肯定会急剧下降，何必为了房子跟自己过不去呢？"

"你不理财，财不理你"。理财并非有钱人的事。积极理财方能告别贫穷，早日实现住房梦。

　　2009 年 4 月，美貌女星陈好一夜之间被推到了舆论的风口浪尖。这不是因为她饰演了某个特殊角色，也不是因为她出了什么绯闻，完全是由于她的一笔非常成功的投资，暴赚了 2700 万元，而她三年前的投入不过是几百万元。与陈好一起大赚的还有央视新闻频道著名主持人张羽。

　　ST 国中 1998 年上市，原是黑龙江省齐齐哈尔市的国有上市公司，控股股东为黑龙集团，持股 70%。2004 年陷入困境的 ST 国中被迫进行重组。2006 年 5 月 18 日，由于连年亏损，ST 国中被暂停上市。2007 年，在香港上市的国中控股介入重组，次年 12 月 25 日成为 ST 国中的控股股东。

　　2009 年 4 月 17 日停牌近三年的 ST 国中复牌，开盘价 8.82 元，盘中最高 10.82 元，较停牌前涨了近十倍。陈好、张羽将所持股份抛售，赚得盆满钵满。

　　这笔投资被媒体刨了个底朝天。两人购入 ST 国中股票是在暂停上市前夕。2006 年一季度报表显示，张羽、陈好现身该公司前十大流通股股东名单，分别持股 217.26 万股、101.09 万股。二季度，陈好增持 180 余万股，持股 280.3 万股，由此与张羽成为 ST 国中第一、第二大流通股股东。

　　从 2006 年一季度 ST 国中股票价格分析，陈好买入 101.09 万股，价格不高于 1.4 元，耗资约 150 万元。二季度，股价一度深跌至 0.86 元。增持 180 万股，投入不超过 180 万元。合计 280.31 万股 ST 国中股票，陈好总投资约 330 万元。

　　经过三年漫长的等待，以复牌当日最高价 10.82 元计算，陈好 280.3 万股 ST 国中市值超过 3000 万元，狂赚约十倍！

　　媒体在惊叹陈好暴赚之余，暗示她与某银行家关系甚密，又称她与张羽多年前就熟稔。这类消息意义不大。但在相关报道中，有一点值得重视。这就是 ST 国中流通股股东排名第三的史福根。据记者了解，他是浙江萧山的一个老股民，资金量并不大，2006 年买入 99 万股 ST 国中被关后，就没钱炒股了。一个可供佐证的信息是，汶川地震，他的捐款只有 100 元。ST 国中一恢复交易，史福根就把 99 万股一口气卖完，把钱提走："做生意去了"。史福根自称："我买这个股票,纯粹是运气,跟陈好他们没关系,我根本不认识他们。"①

全仓买入,100 多万元资金赚 1000 万元,恐怕不单是运气使然。

2009 年 12 月,NBA 大腕儿姚明被媒体赋予一个新身份——拟上市公司股东。② 这不仅是添加一个新名称,更预示着一笔极其丰厚的投资回报。事情得从 2005 年说起,姚明曾为美国某公司拍过电视广告,该公司在中国的总代理是合众思壮。顺理成章,姚明成了合众思壮的品牌形象代言人。2007 年 12 月 18 日,合众思壮的控股股东郭信平与姚明签订《股权转让协议》,转让其所持公司 37.5 万元的股权。一周后,合众思壮改制为股份有限公司,姚明持有 67.5 万股,比例为 0.75%,系公司第四大股东。

2009 年,经中国证监会审核通过,合众思壮获准发行 3000 万股股份,拟募集资金 4.69 亿元,以此测算每股发行价约 15.63 元。市场分析师认为,每股 50 元的股价是可以预期的。届时,姚明的持股市值达3000 万元。

两年 90 倍的收益率,姚明这笔投资的收益不可谓不丰厚!

8.4
拓展职场

第 6 章介绍过的戴海飞,居住在亲手建造的"蛋壳"里,没有房租的负担,省下了一笔不小的开支,偶尔能去咖啡厅享受"小资生活"。平常吃饭不需考虑如何省钱,他还在清华附近办了张游泳卡。有时间就去游泳,顺便洗澡、桑拿。周末时逛逛北京城,有时间还能和朋友聚会。

职场里的成功人士深知,与领导、同事、朋友种种交往何等重要,自己的成功相当程度上得益于领导、同事、朋友的帮助和提携。但是,

---

① 陈好、张羽持股调查 [N]. 时代周报,2009 - 05 - 21.
② 记者王洁. 姚明成拟上市公司股东　持股两年收益率可能 90 倍 [N]. 北京晨报,2009 - 12 - 20.

如果没有一定的资金作后盾，如何与领导、同事、朋友交往呢？大方的人在什么地方都会受到欢迎。想大方的话，口袋里必须得有钱。

8.5
把握易地发展良机

在德国一家医院做护士的斯特凡尼，税前月收入为 2000 欧元，与丈夫租住了柏林东部一处 56 平方米的公寓，月租 460 欧元，加上电费、暖气费、电话费等，每月实际开支约 520 欧元。她说："很少有年轻人买得起房子，年轻人由于读书、工作等原因可能经常搬家，买房很不实际。现在我们两人住这个面积的房子是足够的。将来如果生儿育女的话才会考虑换大房子。不过，租一辈子房子在德国也是很平常的事情。我爸爸今年 45 岁，他住的房子就是一直租的，以前爷爷也曾经在那个房子里住了几十年。"

年轻人，尤其是一些初入社会的大中专毕业生，会遇到各种非常难得的发展机遇。单位有可能提供一个更好的展现才华的舞台，另外一个城市会有一个职位更适合发展……如果过早购置住房，房子就会像一根绳索将你"拴"在一个地方（某个城市、某个地域），影响你的抉择，错失良机。

有经济学家研究发现，在美国和欧洲，拥有住房的比例与失业率成正比。拥有住房率高的地区失业率也高。因为住房将人束缚在一个地区，迫使他们在当地寻找工作，无论他们是否有适当的技能，也无论当地的经济是繁荣还是衰退。住房拥有率太高的地区，经济发展速度往往会下降。

1993 年怀揣电子科技大学毕业文凭的丁磊离开成都，被分配回家乡浙江宁波，进入了令人艳羡的市电信局。是年他 22 岁。与丁磊同年分配进电信局的有 16 人，几乎都来自各名牌高校，很多人对电信局旱涝保收的工作很满意，认为房子、工资都不错，是很多人眼里十分难得的"香饽饽"。上班下班，攒工资，买房子，娶妻生子。可这样的人生轨迹，对丁磊没有吸引力。

　　虽然遭到家人的强烈反对，1995 年丁磊还是从电信局辞职了，他不仅离开了电信局，还远离家乡，前往没有一个亲友的南方。"我选择了广州，因为当时广州是中国经济最发达的地区"，虽然举目无亲，丁磊还是决定去闯，他想追求自己的生活。正如他后来说的"这是我第一次开除自己。但有没有勇气迈出这一步，将是人生成败的一个分水岭"。

　　丁磊日后的成功，基于这一次大胆的"放弃"：放弃舒适安逸的生活，放弃唾手可得的住房。试想，倘若他早早从单位分得住房或在市场购置了住房，他还会辞职南下吗？

　　1997 年 5 月，26 岁的丁磊在广州创办网易公司，以免费邮箱为切入点，发展成为"中国四大门户"网站之一。

8.6

分享"阿里巴巴"

　　难以承受上海的高租金，马云将亏损之中的阿里巴巴迁回杭州，以家为"公司"。确切地址是杭州西部湖畔家园一套面积 140 余平方米的居室。

　　经营翻译社的那段经历，有助于我们准确把握马云未租用办公场所的真实心思。1988 年大学毕业后，马云在杭州电子工业学院教英语。1991 年他和朋友成立海博翻译社，第一个月收入 700 元，而房租是2000 元。亏损额不小，大家动摇了。无奈，马云一个人背着大麻袋去义乌，卖小礼品、鲜花、书、衣服、手电筒……毫无疑问，如果马云不想阿里巴巴的员工动摇，不愿重蹈覆辙做小商贩，以家为"公司"是十分明智的抉择。马云无论如何算不上幸运儿，初中考高中考了两次，高中考大学考了三次。公司极其简陋。马云的妻子张瑛从娘家找来地毯和窗帘，一个烧油的取暖器和几件旧桌椅。后来，有人用报纸把室内的水泥墙糊了起来。这是整套居室唯一的装修。张瑛是马云教书时的同事，马云曾动情地说，创业头几年"张瑛几乎没有自己的生活，没有朋友圈子，天天都在公司"。

　　湖畔时代是阿里巴巴激情燃烧的岁月。工作时间是早 9 点到晚 9

点，每天 12 个小时。加班时延长至 16 个小时。当年访问过阿里巴巴的某报总编写道："没日没夜的工作，屋子的地上有一个睡袋，谁累了就钻进去睡一会儿"。《福布斯》这样描述："20 个客户服务人员挤在客厅里办公，马云和财务及市场人员在其中一间卧室，25 个网站维护及其他人员在另一间卧室……像所有好的创业家一样，马云知道怎样用有限的种子资金坚持更长的时间。"

获益于经营场所的"零租金"，阿里巴巴迅速发展，10 年时间，员工从 18 名扩大到 8000 名，资产由 50 万元人民币增值为 200 亿美元，成为一个商界传奇。

很多成功的例子揭示出，租赁而非购买经营场所，甚至在"零租金"场所经营，在一定程度上影响到创业的成功与否。一些鼎鼎大名的企业早年成长的"摇篮"都异常简陋。

1939 年，在美国一间只能容下一部车的狭窄车库里，两个刚大学毕业的年轻人，以仅有的 538 美元开始创业。60 年后，成长为员工 8 万人、年营业额 500 亿美金的跨国企业——惠普。那间车库在 1987 年和 2007 年分别被列为加州历史古迹和美国历史古迹。

20 世纪 70 年代，斯蒂文·乔布斯和斯蒂芬·沃兹尼亚克卖掉了一辆老掉牙的汽车，换来 1500 美元，在一间车库里开始了创业之旅。后来有了我们今天熟知的"苹果电脑"。

1998 年，塞吉·布林和拉里·佩奇以每月 1700 美元的价格，租赁了美国加州一处简陋的车库，开始创业。IT 巨人谷歌由此诞辰。

如果恋人或者丈夫窝在狭窄的"车库"里努力，千万不要弃之而去，那是在为实现心中美好的梦想奋斗，可能会成为另一个"马云"！将来梦实现的时候，不但有二室一厅，还有"面朝大海，春暖花开"的别墅！

遇到同学、朋友挤在充满臭气的小角落里创业，千万不要嫌弃，可能会出现另一个"阿里巴巴"！心中有梦就参加一份，没有时间和精力就出一份钱，从原计划购买二居室的积蓄中支出几万元（不要超过积蓄的 1/5），雪中送炭，在"200 亿美元"里预订一份。日后梦想实现的时候，别买二居室，也别买三居室，买套别墅吧！

　　很多人不会有陈好、张羽那样的眼光，可史福根的经历证明，普通人也有机会。另有人计算过，在 2001 年通过证券市场买入并持有贵州茅台股票的人，至 2010 年收益会达到 20 倍以上。投资贵州茅台 10 年，回报远比投资房产高。

　　很多人没有姚明的魅力，成不了品牌形象代言人，买不到即将改制公司的股份，但"阿里巴巴"筹集 50 万元启动资金的时候，在经营亏损的日子里，挤在马云家办公的时候，多半不会拒绝外来投资。

第9章

"居者有其屋"

——美丽的中国模式:大兴公租房

居住权是人的最基本权利。无偿提供土地，承担建设性费用，有偿或无偿提供给无房者居住，是国家对人权的一种保障，是各国政府无法回避的一个责任。此类住房称保障性住房，简称"保障房"。这是第3章曾讨论过的。

公租房，全称"公共租赁住房"，是许多国家的住房建设体系的重要组成部分。2010年12月中央经济工作会议明确指出"要加快推进住房保障体系建设，强化政府责任"。这是中国共产党的文件中首次明确保障住房是政府的责任，而非市场的责任。表明中国共产党高度重视国内弱势群体的居住权利，将逐步解决其居住困难。"公共租赁住房"首次进入了党的会议文件。

国土部数据显示，至2010年11月月底，全国房地产用地供应总量12.82万公顷，其中保障性住房用地1.34万公顷。这说明，保障房建设的现状不容乐观。

三年累计1840万套！我国保障性住房建设成绩斐然，平均每10个家庭拥有1套保障房，但是普通百姓的住房困难依然沉重。这不能不令人深思。

本章深入探讨，在不扩大国家保障房投资规模的基础上，如何将现有的保障房建设规模"放大"至三倍以上，满足更多普通百姓的住房需求，打造一个比新加坡模式更美丽的"中国模式"！——"中国模式"初具规模之后，政府的住房保障负担将大大减轻！

9.1
公积金的愿景与现实

1994年国务院发布了《关于深化城镇住房制度改革的决定》，全面推行住房公积金制度。住房公积金由在职职工个人及其所在单位，按职工个人工资和职工工资总额的一定比例逐月缴纳，归个人所有，存入个人公积金账户，用于购、建、大修住房，职工离退休时，本息余额一次结清，退还职工本人。公积金是一种国家支持的社会互助基金，意图通过金融互助方式提高缴存者的购房支付能力。目前，单位和个人住房公积金的缴存比例约为职工上一年工资的5%。2008年年末，全国住房公积金缴存总额已超过2万亿元，达20699.78亿元。[①]

　　住房公积金初衷和愿景正确美好，帮助很多普通家庭圆了住房梦。然而，按一些地方的规定，许多住房公积金缴纳者不具备保障房（经济适用房、限价房、廉租房）的申请资格，他们所缴纳的公积金（或收益）却以各种名义建设保障房。为了解决居住问题，他们却不得不另行租房，额外支出租房费用。这个缺憾，至少对那些缴纳了住房公积金，却又额外支付住房租金的人而言，颇显不公平。新参加工作的大中专毕业生，一方面需要缴纳住房公积金，另一方面又不得不从微薄的收入中开出数额不小的住房租金，生活负担明显加重。

　　上海、广东深圳和佛山等地已经认识到这个缺憾和对部分人的不公，开始允许提取公积金支付房租。本书仍然对此进行讨论，出发点是希望能引起各方的足够重视，充分利用住房公积金满足普通百姓的住房的需求，解决当前房地产行业的一个突出矛盾。

　　黎民百姓，尤其是那部分工作时间未满10年的青年，最迫切的问题是"住"，不是住房的产权权属。许多收入有限的普通家庭和出于各种原因暂时不能（无力）购房的青年，需要的是一个住所——一个不需要太大的地方。安居才能乐业。据一些大城市调查，目前"空巢"家庭占比达30%，老龄化社会趋势明显。投奔子女前后，居住方案均以租房为佳。

　　"居者有其屋"。"屋"的产权可以是"居者"，也可以不是"居者"。许多缴存住房公积金的人在若干年里（或长达二三十年），甚至直到年迈退休，都不愿购置住房，却渴望有一处住所。因此，从住房公

---

①　2008年全国住房公积金管理情况通报. 搜狐网.

积金拨出一部分资金建房，以公租房的形式租给暂时（或一辈子）不购房者租住，十分有必要，合情合理！

此外，由于住房公积金制度规定，一个人只有在购、建、大修住房才能领用住房公积金，许多人眼见自己住房公积金账户"闲置"资金已达数万元、数十万元，又以为住房价格会持续上涨，纷纷出于非居住需求购房，形成一种以银行贷款或住房公积金贷款为支持的投资行为——投机炒房，推动了房价的上涨。

公积金参与投机炒房不仅会让住房公积金管理中心陷入"无钱可付"的窘境，更隐含着不小风险。《商业银行法》将合理的银行存贷比定为75%，高于此值说明银行存在严重的流动性风险。《中国住房发展报告（2010~2011）》统计发现，2007年存贷比最高的住房公积金管理中心是天津、上海、南京、青岛等四市，为81.3%~86.3%，2009年存贷比超过80%的城市又增加了合肥和贵阳两市，南京达到104.2%、上海108.9%、青岛114.4%。

2011年1月12日，苏州市住房公积金管理中心以新闻发布会形式通知：第二套住房公积金贷款，首付比例不低于住房总价的50%，第三套及以上的住房公积金个人贷款将全面停止。透过这则新闻，不难设想各地住房公积金参与炒房的程度，称住房公积金是房价持续攀升、居高不下的一只黑手并不为过。

9.2

保障房的"功与过"

有一个非常值得深思的问题：国家建了这么多保障房，为什么普通百姓的住房问题依然得不到解决呢？深一层次的问题：为什么北京、上海的"群租"现象仍旧异常严重？为什么国内房价还在持续攀升？

资料显示，2009年全国保障性住房建设规模约260万套，2010年为580万套，2011年将高达1000万套。仅这三年，保障房已达1840万套，意味着平均每10个家庭可以拥有1套保障房。

以北京市为例，2010年计划建设的4.6万套保障房已在11月底提前竣工。来自市建委的消息称，北京将在年底前建成和收购各类政策房14万套，预计全年实际竣工交用的政策房可达到5万套，超额完成年初确定的目标。截至2011年元月，北京共交用保障房50万套，按照一家3口计算，可供150万人居住。按北京户籍人口计算，差不多每10个人中就有1个人可以居住保障房。

每年建设了大量的保障房，国家的住房保障负担沉重如初。追究起来，中国住房保障的主导思想和主流做法"罪不可恕"。目前，国内住房保障的主要措施是，建设保障房（经济适用房、限价房）以低于市场商品房的价格出售给低收入家庭。这就衍生出不少问题，例如保障房一旦售出，即使日后购房者收入增加也不能回购。更有甚者，一些低收入家庭受诱于保障房与商品房之间的巨额差价，将保障房出售出租，再重新申购，牟取不当利益。第4章讨论过，保障房销售还为一部分领导干部、员工提供了买卖保障房牟利的机会。第11章的例子还将证明，国家投资建设的保障房在一些地方演变成机关、事业单位领导、干部的福利房。类似行为，有失公平，加重了国家的住房保障负担，导致国家的住房保障支出永无止境。

2008年中央财政安排的保障性安居工程支出是181.9亿元，2009年达到550.56亿元，2010年是802亿元。财政部部长谢旭人在3月"两会"答记者问时表示，2011年中央财政用在教育、医疗卫生、社会保障和就业、住房保障、文化方面的支出安排是10510亿元，比上年增长18.1%，其中保障性安居工程支出计划为1030亿元，增长34.7%。[①] 住建部的数据显示，"十一五"中央累计安排保障性安居工程专项补助资金高达1336亿元。财政部公布的数据显示：2010年全国财政支出89575亿元，年增长17.4%。其中，住房保障支出2358亿元，增长30.7%，增幅第一（第二是环境保护支出2426亿元，增长25.4%）。全国财政收入年均增长是20%。[②]

透过庞大的资金投入可以窥见，以销售保障房为主的住房保障思想，给中国背负上了多么沉重的住房保障负担！2010年保障住房建设

---

① 谢旭人谈积极财政五内容　中央投资主要建保障房. 网易.
② 李丽辉. 8万亿财政收入用到13亿人身上相当拮据［N］. 人民日报，2011 - 02 - 14.

规模 580 万套，需要资金 8000 亿元；2011 年 1000 万套，需要 1.4 万亿元，为全国房地产投资规模的 20%。还可以从另一个角度认识，以 2011 年建设计划为例，1000 万套保障性住房按每套 60 平方米计算，相当于 6 亿平方米的建筑面积，达到 2010 年全国商品住宅建设总面积的 60%，几乎相当于 2010 年全年商品住房的销售总量！

"十一五"期间，天津向 41 万户住房困难家庭提供了住房保障。其中：新建各类保障性住房 2405 万平方米、33.5 万套，是"十五"的 12 倍；发放租房补贴 7.5 万户，是"十五"的 4 倍。政府供应土地 962 公顷，是"十五"的 12 倍。①

2011 年元月，媒体披露了一起廉租房被"瓜分"事件。有关 ×× 县 607 套廉租房被"瓜分"的消息引发了公众的普遍关注：配租对象多是教育、卫生、计生三系统职工，有卫生院院长、小学校长……对此，县有关部门接受了媒体的采访。②

从县规划建设局了解到，该县 2008 年和 2009 年分别建成 118 套和 180 套两批廉租房，此次建在该县某镇西片区的 94446 平方米、1860 套廉租房将在 2011 年内全部完工，其中 607 套将于近期交房，已作为第三批廉租房分配给了该县的教育、卫生、计生三系统职工。

县规划建设局局长说，第一、二批廉租房全部分配给县城 300 户最低收入家庭，目前已有 298 户入住，2 户主动放弃，县城已基本实现最低收入家庭的应保尽保。第三批分配给教育、卫生、计生系统是根据上级政策。该局长指着《×× 省人民政府关于进一步加快保障性安居工程建设的实施意见》说，该意见明确城镇廉租住房分为 4 个层面：一是城市低收入人群廉租住房；二是实行政企共建的企业困难职工廉租住房；三是乡镇中心学校教师周转房；四是乡镇卫生院、计生服务站职工周转房。该局长承认，607 户分配名单中确实有一部分人是小学校长、医院院长、主治医生，家庭拥有私家车的情况也确实存在。该局长说，抛开领导职务，这些校长也是教师，院长也是医生，他们都在山区工作，家

　① 天津国土房管局许南：未来将大力发展公租房建设［N］. 城市快报（天津），2010 – 11 – 29.
　② 浦超. ××××回应 607 套廉租房被"瓜分"事件［N］. 新华网.

庭住房确实困难，他们有套廉租房会方便子女在县城读书。虽然他们个人月收入有的在2000元以上，但他们的妻子大多是农民，家庭人均收入并不高，完全符合申报条件。该局长认为，现在拥有私家车是很正常的事情，几千元、一两万元就能买辆车，并不是所有拥有私家车的家庭经济条件好、住房条件都好。目前该局已经接到举报信，反映个别申请人员拥有住房，不符合分配条件。该局长表示，将尽快调查清楚群众反映的情况，如果属实，将取消被举报人的资格。

县常务副县长说，这次配租程序是：首先由教育、卫生、计生系统低收入住房困难家庭向主管单位提出申请，填写审核表，提供相应材料。申请对象必须同时满足家庭人均月收入低于1000元、家庭人均自有住房面积低于15平方米、家庭成员之间有法定的赡养或抚养关系且共同生活三个条件。经教育、卫生、计生系统成立的廉租住房入住资格初审小组初审后张榜公布，无异议再报县廉租住房领导组办公室审核。

公示名单中有人不在低收入、住房困难行列，他们是如何通过层层把关，获得廉租资格的呢？——这些人不属于低收入群体，占用了廉租房资源，那些真正的低收入百姓便会失去入住廉租房的机会。

2010年6月，审计署提交全国人大常委会会议的报告指出，2009年廉租住房保障资金分配中，有194个区县向1.19万户登记拥有个人企业、车辆或2套以上住房的家庭发放7376.65万元；9个城市向705户不符合条件家庭发放廉租房租赁补贴86.96万元、分配廉租房74套。抽查的19省市448个新建廉租住房和10个棚户区改造项目，至2009年年底分别仅完成计划投资额的41%和42%，其中225个项目的地方配套资金落实率平均为44%。[①]

9.3

善用各类资金建设公租房

即使省下了购买土地的支出费用，数百万、上千万套的建设保障房

---

① 刘家义. 关于2009年度中央预算执行和其他财政收入的审计工作报告. 审计署网站，2010－6.

仍然需要巨额的资金。按照房地产业"十二五"规划的设计,我国在两年后要继续新建保障房1300万套,即2010年和2012年保障房建设年均600万套,按照套均60平方米计算,年建设3.6亿平方米左右。若按2011年和2012年保障性安居工程各1000万套计算,两年建设面积各达6亿平方米。

2010年8月,住建部、财政部、发展改革委员会、人民银行等七部委确定北京、天津、重庆等28城市为利用住房公积金贷款支持保障性住房建设的试点城市,同意这些城市的133个经济适应住房、棚户区改造安置用房、公共租赁住房建设项目申请使用住房公积金贷款,额度493亿元。

2010年10月,上海市下发了《关于切实推进本市公共租赁住房工作的通知》,拟抓紧研究成立市级投融资机构和投资试点机构,引导公积金、保险资金、社会资金等投资公租房建设项目,形成投资、建设、经营、管理的市场化运行机制。

大规模建设公租房,有必要引入各种社会资金,如保险资金、信托资金。

9.3.1 险资公租房联姻难题

保险资金、养老金、企业年金实力雄厚,苦于缺乏合适的投资项目。公租房由政府主导,收益稳定,风险低。

一方缺资金,一方寻项目,地方政府公租房建设和保险资金的联姻方案一直处于探索之中。双方接洽后却发现难以达成共识。最大的矛盾是,政府提供的回报率约为3%~4%,而保险资金的诉求在6%~8%;回收公租房的成本需要15~20年,保险公司的预期要更短。

9.3.2 房地产投资信托基金

在公租房建设领域引入房地产投资信托基金(REITs)成了媒体热议的话题。作为一种能汇集社会资金的融资方式,中国的REITs很可能把公租房作为其"试水"的一个跳板。

房地产投资信托基金作为房地产企业的一种融资方式,诞生于20

世纪 60 年代的美国，是一类以盈利为目的、并将大部分利润作为红利分配给股东的上市基金。其目的是让更多的资金流向房地产行业。

实际上，早在 2009 年 11 月国务院就批准了京、津、沪为试点城市。天津滨海新区、上海浦东新区开展 REITs 试点的方案随后得到了国务院的批准。天津最有可能成为国内首只 REITs 产品的诞生地，计划用一万套保障房做成 REITs 产品，全部为公租房。

北京住建委透露，北京版的 REITs 已经起步，其规模与天津版的 REITs 相当。北京将以政府持有的廉租房、公租房资产和房租收益委托设立房地产信托，在银行间债券市场发行受益券的方式进行融资，融资规模 40 亿~50 亿元。这种操作方式接近于央行在《银行间债券市场房地产信托受益券发行管理办法》中划定的银行间市场的债权版 REITs。

全国工商联认为，目前包括公租房在内的保障房建设进度缓慢，主要原因是建设资金不足和开发建设力量不够。因此，他们向 2011 年"两会"提交了一个颇具操作性的提案——设立公共租赁住房基金，通过引进民间资本、鼓励和引导一批具有丰富房地产开发、运营经验和操作团队的房地产企业投身保障房建设。

9.3.3　外汇储备

有研究者建言，将巨额的外汇储备花在黎民百姓身上，用一部分外汇储备建设更多的公租房，解决广大青年、普通百姓的住房困难。

我国外汇储备连年增长，可惜大部分购买了美国国债。中国购买的美国国债超过 9000 亿美元。国债，又称国家公债，是国家以其信用为基础，为发展经济、军事、科技、教育、医疗、文而发行的一种政府债券。在发展预算超出政府财政收入的情况下，若国家不增加税收（税负超过企业和个人的承受能力，将不利于经济发展，且影响未来的税收），也不增发通货（会导致严重的通货膨胀，对经济的影响最为剧烈），就只有通过发债的方式筹集所需要的资金。

民族复兴，是一代又一代华夏子孙的夙愿。据国家统计局统计，2010 年国内生产总值（GDP）397983 亿元，比 2009 年增长 10.3%。按日本政府发布的数据，2010 年日本名义 GDP 为 54742 亿美元，比中国少约 4000 亿美元。日本媒体评论称，中国已经超越日本，成为世界第二大经济体（1968 年日本 GDP 逾 1000 亿美元，超越联邦德国为全球第二大经济体）。但是，并没有多少中国人为之自豪，因为按 2010 年 8 月商务部发言人在新闻发表会上的说法，中国人均 GDP 仅为 3800 美元，全球排名 105 位。而 2009 年日本人均 GDP 约 40000 美元。因此，有人说我们是世界上最穷的"第二大经济体"。

有一个问题许多人难以回答，那就是：怎么说明中华民族已经复兴了呢？或者问：国家发展到什么水平才算复兴了呢？

美国是当今世界头号经济、军事、科技强国，能够达到美国的水平，不少人会说：中华民族已经复兴了。然而，众所周知，美国目前占了全球外债余额的 23.9%，欠着 13.6 万亿美元的外债，人均负债 4.5 万美元（合 30 万元人民币）！——美国、英国是世界排名第一、第二的债务国。对应的，国家外汇管理局公布的数据，至 2010 年 6 月末，我国外债余额为 5138.10 亿美元。美国出台政策促使美元大幅贬值，强迫人民币升值的一个重要原因正是想将其欠中国的巨额外债"赖掉"，"吞噬"中国巨额外汇储备。中国 2.6 万亿美元的外汇储备中，美元储备约占 70%。以此计算，相当于每个美国人欠每个中国人 1500 美元（约 1 万元人民币）。——这不能不警醒我们，沿着债权国的道路走下去，民族复兴的里程碑可能非常遥远！

一般认为，由于美元是国际上主要的结算货币，贬值会形成世界性的通货膨胀压力，导致美元储备国的外汇资产缩水。美元贬值成了美国向他国转嫁危机、制约竞争对手正常发展的惯用手法。

有人说，美国能发展强大，一个主因是未受第二次世界大战的摧残。战争的危害，在表面上是破坏厂房、楼宇等各类建筑。我们近几年为发展房地产而搬迁大量工厂、学校、医院重建，拆除大量的办公楼宇、民房重建，难道亚于一次战争的破坏吗？

任何一个行业的发展离不开资金的投入，在相当程度上发展速度与资金投入量成正比。与美国相比，我们在经济、军事、科技、教育、医疗、文化等诸方面均落后不少，若能将十分有限的外汇储备投入这些领域，必然可以大大缩小两国之间的差距。

2011 年春节后，美国政府公布了房利美和房地美（简称"两房"）处置方案，有关部门就媒体称投资"两房"债券亏损可能高达 4500 亿美元的报道表示，2008 ～ 2010 年三年间，持有的"两房"债券还本付息正常，年均投资收益率在 6% 左右。

"两房"是指美国两大房地产抵押贷款机构——联邦国民抵押协会（"房利美"）和联邦住房贷款抵押公司（"房地美"）。"两房"是美国国会立法设立的政府资助机构，一直是美国住房金融政策的主要工具，是美国住房融资的主渠道，提供了绝大部分的新增房贷融资。美国政府是"两房"债券的最大持有者，所购买的各类债券金额超过 1.6 万亿美元。

按照美政府处置"两房"的主导思想，"两房"可能被关闭或私有化，这将意味着"两房"债券等同于垃圾。业内专家表示，应该认识到"两房"债券存在的风险，债券投资者可能不会全额亏损，但也不可能全身而退。

我们可以仅仅满足于外汇储备的安全和收益吗？6% 的年均收益率实在平常，不图也罢，何况还存在"蚀本"的风险。资本不仅应该考虑其安全性和收益率，更应该注重其社会效益。"两房"的最主要功用是解决美国人的住房问题的，4500 亿美元占 1.6 万亿美元的 28%。在中国人的住房困难远甚于美国人之际，不妨多考虑国内普通百姓的住房需求。

9.4
中国模式

2010 年 6 月 12 日，由住建部等七部门联合制定的《关于加快发展公共租赁住房的指导意见》正式发布。该意见指出，近年来，一些中等偏下收入住房困难家庭无力通过市场租赁或购买住房的问题比较突出。同时，随着城镇化快速推进，新职工的阶段性住房支付能力不足矛盾日益显现，外来务工人员居住条件也亟须改善。根据该意见，公共租赁住房供应对象主要是城市中等偏下收入住房困难家庭。有条件的地区，可以将新就业职工和有稳定职业并在城市居住一定年限的外来务工人员纳入供应范围。

不能租廉租房，又买不起经济适用房；不能买经济适用房，又买不起商品房；刚毕业的学生或刚进城农民工，收入不低但没有积蓄，买不起房也租不到便宜、稳定的住所……这就是人们常说的"夹心层"。

另辟蹊径，探讨在不增加国家保障房支出的基础上，如何将保障房建设规模扩大三倍，惠及更多的普通百姓，是本书的目标之一。

9.4.1 出租为主

保障房应以"出租为主"已成为有识之士的共识。2011 年初，上海市"两会"期间，有政协委员建议，应该以公共租赁房建设为主导，加快解决市民保障性住房问题。民建上海市委的提案建议，已经建造而尚未出售和即将建造的保障性住房，应大部分用于出租。武汉市政协委员吴健敏在 2011 年 2 月政协会议上建议，将廉租房、公租房作为保障房主要形式，取消经适房："我这个提案不是自己拍脑袋想出来的，而是听取了普通百姓的意愿，他们也认为完全应该取消经济适用房"。有些经济适用房其实不经济，有的面积过大，120 平方米甚至 200 平方米，还多是毛坯房。即使单位价格低，中低收入人群也无法承受，反而是部分"有钱人"以经济适用房的价格获得了商品房的价值。

改集资房、限价房和经济适用房为公租房，将国家住房保障的范围扩展到所有无法通过市场解决住房问题的群体，是住房保障观念的一次重大变革，较大程度上确保保障房不空置，并为住房困难者所居住。不仅解决了夹心阶层的住房问题，而且优化了国内住房结构，促进人才和劳动力的合理有序流动，对社会和谐稳定和国家经济的健康发展均有积极意义。

在房价不断攀升的背景下，新加坡的"组屋"和香港公租房制度有一定的借鉴意义。新加坡经过 50 年努力，公共住宅（"组屋"）计划让 90% 的居民拥有自己的房子。香港公共房屋包括廉租屋、居屋和房委会下辖的临时房屋三类。前两者占公共房屋总数的 90%，主要由政府建设，出租给低收入居民。香港公屋面积多是 50～60 平方米，有的

20~30平方米；居屋只能由房委会回购，业主10年内不能出租或出售。廉租屋无产权，政府每两年根据通货膨胀率调整一次租金，轮候租住。目前，香港公屋约有73万套，200万人租住其中，约占总人口的29%。[①]按广州市政协秘书长、市国土房管局前局长李维杰的说法："香港56%的房屋都是香港房屋署的公租房"。

转变现行的住房保障思想，由"出售为主"转为"出租为主"，大兴公租房建设，能够彻底卸下政府住房保障的沉重包袱。同时，可以缓和国内房价持续攀升、居高不下的推动力，弱化房地产行业的一些突出矛盾。公租房循环使用，只出租给真正需要住所的人。已购置房产者禁止租住，新购住房者必须及时退租。公租房杜绝了某些人买卖保障房牟利的机会，减少保障房空置的可能，不存在向富裕家庭回购的问题，避免了第11章介绍的国家投资建设的保障房演变成机关、事业单位领导干部福利房的现象。

住房以保障房名义销售给低收入家庭，可以收回建设资金，还有不菲的利润。以公租房名义出租，租金收入有限，收回投资和盈利周期较长。似乎不划算，其实恰恰相反。眼光稍稍放长远一些就会明白，为什么说"出租为主"的住房保障体系能够卸下了政府住房保障的沉重负担。

9.4.2　保障效果提高三倍

有了保障房投入资金，还应设法成倍扩大建设规模，成倍提高保障效果。是为本书的新观点。下面以2011年保障房建设计划1000万套，预计投资规模1.4万亿元为例，进行简略说明。

2011年3月"两会"记者会，住建部副部长齐骥为1000万套保障性住房做了一个大致的测算：年度投资1.3万亿元到1.4万亿元之间；市县政府无偿划拨土地，这部分土地的成本是数目不小的一笔钱，1.3万亿元中有5000亿元就这样解决掉了，过去几年也是这样做的。

温家宝总理在政府工作报告中提到，2011年中央用于保障性安居

---

① 中国社会科学院. 中国住房发展报告（2010~2011）. 社会科学文献出版社，2011：284-285.

工程的资金将达 1000 多亿元。财政部部长谢旭人在答记者问时表示，支出计划为 1030 亿元。另外，按现有规定，土地出让净收益用于保障性住房建设的比例不低于 10%。2010 年土地拍卖成交总价款为 2.7 万亿元，以此计算可提取的保障房建设资金逾 1500 亿元。另外，按 2007 年国务院 24 号文，各地公积金增值收益扣除风险准备金等费用外，要全部用于廉租住房建设。2009 年可用金额是 50 多亿元。——此三项来源资金预计 2600 亿元。

齐骥指出，1000 万套计划中有 400 万套是各类棚户区改造，改造涉及的企业、职工自筹约 3400 亿元。——户均约 8 万元，困难不大。

5000 + 2600 + 3400 = 11000 亿元，资金缺口只有 2000 亿 ~ 3000 亿元。齐骥表示，各类棚户区改造，省、市县人民政府都要拿出一定的补助资金，分摊到各级地方政府金额并不大。

怎样以这 1000 万套保障房为基础尽可能提高住房保障的覆盖面呢？

600 万套保障房的产权全部由政府（或住房公积金等投资者）掌控，全部以公租房的方式租赁。公租房产权不属于居住者，而属于其投资者，是商业银行可以接受的抵押物。（实际上，目前政府已售出的大部分保障房均是银行贷款或住房公积金中心贷款的抵押物。）加上土地价值（保障房没有土地成本支出，而在房屋评估时土地却贡献出约 40% 总价值），600 万套住房的抵押贷款可以建设 500 万套公租房。这 500 万套公租房抵押贷款，又可以建设 400 万公租房……总建设规模至少可以扩大 3 倍，达到 2000 万套！——对于那 400 万户（套）涉及棚户区改造的中低收入职工，与其让他们购置新建的经适房，不如鼓励他们租赁住房，而将购房预算用于改善生活。

国家的保障房投资规模未扩大，保障房的建设数量增加到原来的 3 倍，保障房的受益者相应提高到原来的 3 倍！

当然，为实现 2000 万套公租房的目标，政府新增银行贷款约 1.8 万亿元。按年贷款利率 6% 计算，1.8 万亿元贷款利息是 0.108 万亿元（1080 亿元）。这笔支出与年年倍增的政府住房保障负担相比大幅减轻！——几乎等于 2011 年中央财政计划用于保障性安居工程的支出 1030 亿元，只是 2010 年全国住房保障支出 2358 亿元的 45.80%。贷款所建成的 2000 万套公租房的巨额租金收入足以承担绝大部分贷款利息。以每套公租房月均租金 400 元（2010 年北京两居室平均月租金 4085元）计算，2000 万套公租房一年的租金收入是 960 亿元。此外，普通百姓缴纳的住房公积金收益还可以抵付一部分贷款本息。

公租房的规模达到 5000～6000 万套之后就成了国家调控房地产市场的利器。若房地产市场低迷，房价远在建筑成本之下，政府（或住房公积金）则考虑购置一定量商品房作为公租房，以稳定市场。反之，若房地产泡沫严重，房价居高不下，可将部分公租房以低于市价出售给租住者，由政府（或住房公积金）与租住者分享地价增值的利润，收益优先用于偿还贷款本息。——由此，中国政府将彻底卸下普通百姓住房保障的沉重包袱！

正如上面所述，住房公积金分担一部分公租房建设贷款利息，乃至承担相当比例的公租房建设资金也是责无旁贷。实际上，妥善运用公积金不但可以改善普通百姓的居住条件，减轻国家的住房保障负担，更能迎来住房公积金自己前所未有的发展机遇。这一点还将在第11 章讨论。

承贷银行可以是商业银行，也可以是政策银行。如国家开发银行等。

"满足居住，遏制投资"的"中国模式"的住房保障体系，最大的特色是产权属于政府（或住房公积金）的公租房占保障房的绝大部分比例——出租为主，以低于市场价租赁。公租房属于保障性住房，但又不同于福利制度下的低租金公房，也不同于企业的职工宿舍。其出租对象覆盖"夹心层"、低收入群体和非低收入群体，包括各种大中专毕业、进城农民工，涵盖各类国企、民企、中小企业员工、个体商户、自由职业者。归纳起来，主要有如下特点：

1. 以政府住房保障资金和住房公积金资金为出资主力，并拥有住房的产权；

2. 以拥有产权的住房为抵押融资贷款，建设更多的住房；

3. 住房以出租为主，租金低于市场的价格；

4. 特殊时期出售小部分住房平抑市场房价，或者从市场购入一定量住房稳定市场。

短则两年，长则四年，中国百姓的居住条件将彻底改善！——大学毕业的湖南青年戴海飞没有必要造一座蛋形小屋运到北京了。郑州的汽修工冯增师傅一家五口没必要蜗居报废的中巴车。京、沪等地突出的"群租"现象将成为历史！

计划销售的保障房转为公租房出租，会影响保障房销售收入和土地出让收入，一些依赖"土地财政"的地方政府可能缺乏积极性。然而，从长远来看，居住成本降低，地方竞争力大提高，企业发展强劲，政府的收入才能持续增长。

"出租为主"的住房保障思想，必将引领政府早日走出住房保障的泥沼，迈向以其他经济建设为中心的新天地。政府抛开了住房保障的沉重包袱，就有更多的资金和精力投入农业、科技、教育、医疗……受惠的是普通百姓。

租赁给普通百姓的保障房产权不属于居住者，也从根本上消除了未来"强拆"、"抗拆"的隐患。

9.4.3　注意事项

"群租"现象说明一些地方普通百姓的住房困难比较重。公租房建设在开始的两三年步子可以迈大一些，随后应视市场需求控制建设规模，以免造成不必要的浪费。

公租房对大多数租住者来说是过渡性住房，可对政府或住房公积金而言是长久的房产，能满足一代又一代青年、一批又一批普通家庭的住房需求。因此，公租房绝对不是暂时建筑。

以"公租房"出租的住房应该比商品房简易。例如，户型小，禁止装修等。为控制人均居住面积，公租房应有不同的户型，人口多的家庭可以申请房间多的房屋。

单身青年只能租住"单身公寓"。单身公寓（类似于20世纪七八十年代国企的单身宿舍）共用卫生间，应以合适2~3人居住的房间为主，主要面向同一工作单位的员工出租，尤其是中小型企业。

公租房建成后，要充分使用，避免空置，还要防止借故拆除。

9.5

企业主盖楼免费让职工住

2011 年元月《武汉晚报》报道，河南永昌化工有限公司计划给职工免费盖住宅楼。准备兴建的住宅楼高 21 层，可以供两三百户家庭居住。8 亩多的土地是用公司旧职工楼的土地置换的。高楼盖成以后，除了安置旧职工楼的住户，余下的房子可能会免费分给其他职工。

永昌化工有限公司的前身是建于 1974 年辉县市第二化肥厂。至2000 年累计欠债 7000 多万元，连续 8 个月发不出工资。郭焕彩接任厂长后，对企业进行了改制。如今，公司年销售收入 3 亿多元，2010 年上缴税款 1500 万元。郭焕彩现任公司董事长、孟庄镇党委副书记、市工商联副主席、市人大常委。

郭焕彩的做法在辉县毫不令人惊讶，因为当地已有两名富商相继盖别墅送给本村的老百姓。

2006 年 5 月裴春亮被推选为张村乡裴寨村村主任之后，自费为本村村民建联体别墅。2008 年 12 月，投资 3000 多万元的裴寨新村落成。全村 135 户村民都免费得到了一套 192 平方米的两层别墅，门前有绿地240 平方米。

2010 年，范清荣、范海涛父子掌控的河南孟电集团出资 1.3 亿元，将孟庄镇南李庄村推倒改建别墅，无偿赠给 351 户、1200 多名村民。当年拆迁，当年建成，当年入住。每户建筑面积 270 平方米 ~ 290 平方米，为四层叠加别墅，两层一体 230 平方米，配套 60 平方米地下室。

范海涛是南李庄村委会主任，也在 2006 年当选。孟电集团为民营企业，下辖热力有限公司（原孟庄火电厂）、水泥有限公司等 5 家子公司，固定资产 40 亿元，年上缴税收上亿元。

为什么辉县市能有一个又一个的富豪盖楼给老百姓免费居住呢？

9.6

重庆模式

为满足居民的住房需求和解决农村城镇化问题，重庆市设计了一个雄伟规划，被媒体称为"重庆模式"。主要内容有三：一是实行公租房和商品房并存的双规制，10 年内开发 4000 万平方米的公租屋，以满足约 200 万人的住房需求，只租不卖；二是 10 年内 1000 万农民进城并给予重庆户口，前提是进城农民放弃宅基地，复耕为农地，从而在确保耕地红线的前提下增加城市建设用地；三是推出三个层次的 IT 产业集群，最高层次引入了惠普、思科等知名公司，解决进城农民的就业问题。

对占比 30% ~ 40% 的中低收入群体，政府提供的公共租赁住房和棚户区、城中村改造的安置房予以保障，停建经济适用房和廉租房。公租房租金原则上不超过同等商品房市场租金的 60%。占比 60% ~ 70% 的中高收入群体自行在市场购置商品房居住。

建设资金从何而来呢？10 年内建设 4000 万平方米公租房，需要 1000 亿元。重庆市政府计划投入 30%，具体由土地出让金收入、对高价房的税收、土地储备收入等来负担。另外 70% 通过市场融资，包括商业贷款、保险资金、信托、债券等。前 3 年计划建设公租房 3000 万平方米，需资金 700 亿元。经重庆市政府估算，公租房和与之相配套的商业店面租金，可以逐年归还 500 亿元融资的本金和利息。

业内认为，政府财政压力不轻。前 3 年，3000 万平方米公租房建设总投资超过 700 亿元，考虑到政府划拨 3 万亩土地投入建设，由此损失的土地收益金达 500 亿元，一加一减，已与 2009 年重庆财政收入 1165 亿元相抵。

此外，商业银行的开发贷款期限一般为三年，公租房建设占用资金期限长达二三十年，难以获得商业银行贷款支持。不过，负责数十万平方米公租房建设的重庆地产集团向外界表示，已与数家银行达成超过 50 亿元的十年期协议贷款。

重庆模式要从美好的愿望变成现实，还有很长的路要走。

第10章

购房须谨慎

买不买得起住房，住不住得起房子，投资房产是赚是亏与个人收入有关，主要决定于房价，最关键的还是购房者决策的时点。最佳的购房时机一般不会是在我们手上有钱的时候，也不会是在我们需要住房的时候，更不会是在我们意欲赚钱的时候。

有的开发商出于种种目的，"五证尚未办齐"也敢违规销售期房。开发商通过排号、意向金、认购金、折扣、预订款、房票、VIP会员、团购等方式诱吸客户认购期房，是明显的违规行为。按有关规定，未取得预售许可证的楼房是禁止预售的，不受法律保护。贪图小利或会蒙受损失。这是第4章曾介绍过的。

第7章也曾讨论过有房者（包括炒房客）的各种烦恼和风险，本章意见谨供有意购置房产者参考。按揭购房者一定要对即将来临的各种烦恼，有心理准备。不以居住为目的，购买一套、两套（甚至更多）房产作为投资的人，更应该思考：涨了十倍的房价，还能涨多少？

10.1
中国目前的房价到底多么贵？

数据显示，北京、上海、广州、深圳等地2010年新建商品住宅价格普遍大涨。涨幅最大的是北京，同比大涨42%！

有人做过这样的对比，以香港土地注册处公告的2010年上半年成交楼宇77262份3110.01亿港元来计算，平均每套房屋成交价402.5万元港币，按0.85比1的港币对人民币汇率，相当于每套342.2万元人民币。上海2010年成交的19459套外环线以内的主城区新建住宅成交额为845.2

亿元，平均每套 434.3 万元，比香港每套 342.2 万元高出 27%。①

《中国住房发展报告（2010~2011）》估计，2010 年 9 月全国 35 个大中城市二类地段（城市一般地段）普通商品住宅平均房价泡沫为 29.5%。有 7 个城市在 50% 以上，11 个城市在 30%~50%，8 个城市在 10%~30%。北京和石家庄的 2008 年经济适用房均价与 2007 年相比分别上涨 33% 和 63%。

10.1.1 房价是决定因素

房价乃判断是否适宜购房的重要依据。判断房价贵贱不仅要比对个人收入，还要考察房价的多年走势，更要分析影响房价的主要力量。房价适中，购买住房后没有沉重的经济负担，住着坦然。随着房价上涨，房产在增值，心中高兴。出售利润丰厚的房产，小赚一笔，更是惬意！

2010 年前后的中国房价高不高呢？

衡量房价高低的国际通用指标是房屋租售比和房价收入比。租售比是指每平方米使用面积的月租金与每平方米建筑面积的房价的比值。经济发达国家的租售比约为 1∶100。在上海外环，150 平方米的房子月租金约 5000 元，房价是每平方米 11961 元。租售比约为 1∶360，说明房价明显偏高。

房价收入比最能体现百姓的住房购买力，也适宜作横向比较。有人将韩国首都与北京作了一番对比，有一定的参考价值。2010 年 11 月，首尔市房屋平均价格是每平方米 3 万元，2009 年首尔职工的月平均工资 14980 元。房屋每平方米价格是工薪族月收入的 200%。同期，北京市住宅均价 22348 元。市统计局发布的 2009 年职工月平均工资为 4037元。房屋每平方米价格是工薪族月收入的 554%。可见，北京与首尔的差距不小。

看看美国的新房价。根据美国统计局及住房和城建部最新发布的报告，2010 年 11 月共售出新房 29 万套，销售价格中间值为 21.3 万美元（含地价）。每套住房的建筑面积中间值是 303 平方米，地产面积中间值

① 2010 年上海新房 260 万/套　外环内达 432 万比香港高 30%. 新民网.

是 1416 平方米。2009 年美国从业人员平均年工资为 43460 美元。也就是说，美国普通工人用不到 5 年的工资即可买一套 300 多平方米的新房，一年的工资可以购房 60 平方米。——需要注意的是，目前美国房价不是运行在高位。

10.1.2 房价 10 年涨 10 倍

有记者经过调查在《中国经济时报》撰文称：房价 10 年涨 10 倍，百姓收入仅涨 3 倍。2010 年 12 月 12 日至 19 日，该记者随某中央媒体采访团从北京出发，经山东淄博、济南、西安、山西运城、重庆等城市，中途改道广州，最后到广东清远市，调查了鲁、晋、渝、粤 4 省市部分楼盘，结果发现 10 年左右的时间，房价涨幅超过 10 倍。

根据国家统计局公报，2000 年城镇居民人均可支配收入 6280 元，农民人均纯收入 2253 元；2009 年全国城镇居民人均可支配收入 17175 元，农村居民人均纯收入 5153 元。也就是说，从 2000 年 ~ 2009 年城乡居民收入增长不到 3 倍。[①]

房价 10 年涨 10 倍的结论或与一些地方实际有差距。有一个问题厘清了，我们的购房决定就会多几分理智，这就是：涨了 10 年的房价，还能涨多少年；涨了 10 倍的房价，还能涨多少倍？

10.1.3 当教授 10 年买不起房

"我做正教授已超 10 年，做副厅也已过 5 年，但我依然买不起一套商品房"。在 2011 年初某省"两会"分组讨论期间，曾任某师范大学法学院院长、现任省人大常委会法工委副主任袁古洁诉说了房价高企之下，全家买不起房、住得心酸的现状。[②]

袁古洁一家住在某师大 75 平方米的房改房里。谈起 79 岁的母亲还与 17 岁的儿子挤在一张上下铺时，袁古洁直言"一阵心酸"。"我也想买房，但师大旁边一个刚刚推出的楼盘底价高达 25000 元每平方米。"

---

① 余丰慧. 房价 10 年涨 10 倍 百姓收入仅涨 3 倍 [N]. 中国经济时报，2010 – 12 – 24.
② 尹辉，黎秋玲，牟晓翼，陈红艳，黄琼. 代表叹房价高企住得心酸：当教授 10 年买不起房 [N]. 金羊网－新快报。

袁古洁说起自己的买房经历，称完全被高房价吓倒，看中的那套房要27000元每平方米。她算了算，140平方米的房子总价接近400万元，"就算交上了首期，现在商业贷款利率这么高，月供也供不起"。袁古洁最终放弃了买房的想法。

补助和补贴，袁古洁每个月有7000元，工资正常水平是8000来元，再加上政府补贴的那一部分，接近10000元。

董教授若是知道袁教授的居住情况不知会有何高见。——第7章曾提到，北京某大学房地产研究中心主任董某认为，中国的房价真的不高。宣称如果说房价贵了，就违反了经济学最基本原理。

当正教授逾10年、做副厅逾5年依然买不起一套商品房，那么一般的助教、讲师、副教授、教授又有多少人能够买房呢？这既说明某些教育工作者的甘于清贫，也从一个侧面说明国内房价目前究竟处于什么水平。

10.1.4　非典时的口罩

记忆犹新的是，非典时期一只原来售价1.5元的口罩卖到20元，一瓶原来卖1元的白醋卖到30元。无锡水危机时，一瓶原来卖1.5元的瓶装水卖到15元，一桶原来卖5元的桶装水卖到50元。受2011年3月日本地震引发核电站事故影响，出现了海水受到污染，海盐不安全、不能食用及含碘物品可预防核辐射、食盐要涨价等传言，造成部分地区民众盲目抢购囤积碘盐，少数零售商销售价格超出规定水平的2～10倍贩卖食盐……这些都是突发性的需求拉升商品价格的典型。突发需求是暂时需求。危机过后，口罩、白醋、瓶（桶）装水、碘盐都恢复其合理价位，囤积居奇的炒作者已然惨遭损失，并受到惩处。

国家电网在660个城市发现的连续6个月电表读数为零的6540万套住宅，有多少是"炒房客"囤积、待价而沽的房子呢？

当前居高不下的房价会不会也是由"炒房"搅起的暂时需求而推高的呢？如果是，那么后续的参与者将会蒙受损失。

10.2

政策调控，房价或者会下跌

房地产行业若出现崩溃，国家经济难免会受到重创。房价持续攀升，政府不会袖手旁观，各种财政、税收、金融、土地政策陆续出台，深入贯彻执行，毫无疑问会影响国内房价。

10.2.1　政策调控影响房价

2007 年国内房价暴发过一轮狂涨。有广州的房开商在两个月内提价达 60%。面对发疯的局面，政府出手调控，最严厉的一招是二套房贷首付由 30% 提高到 40%，贷款利率上浮 10%。受此影响，房价在 2008 年大跌，深圳房价领跌，最高跌幅近四成。许多购房者 2007 年购置的房产大幅缩水，大量炒房客损失惨重。

2010 年 9 月政府的调控政策明确："对贷款购买第二套住房的家庭，严格执行首付比例不低于 50%、贷款利率不低于基准利率 1.1 倍"。仅仅三个多月后，2011 年元月 26 日"新国八条"出炉，调控政策加码："对贷款购买第二套住房的家庭，首付款比例不低于 60%，贷款利率不低于基准利率的 1.1 倍"。首付在高位之上再提一成，力度罕见。个别银行二套房贷利率甚至上浮 50%，为基准利率的 1.5 倍。"新国八条"还规定：个人购买住房不足五年转手交易，全额征税；本地 2 套房和外地 1 套房家庭停购；暂停发放第三套及以上住房贷款；囤地捂盘房企将停贷，停发股票和债券；落实住房保障和稳定房价的约谈问责机制。

上海制订了"新国八条"实施细则"限购 5 条"，强调：在购买住房、申请房地产转移登记时需提交税务机关出具的《上海市个人住房房产税认定通知书》。除保障房外，购房人在签订购房合同时，需如实填写《购房人家庭成员及名下住房情况申报表》，核对购房人及其家庭成员户籍、婚姻等证明材料。非沪籍人士购房，需查验纳税证明、户口本、结婚证明。

2011 年 2 月 16 日，北京审议通过相应的细则"京十五条"，明确：无法提供连续 5 年（含 5 年）以上在本市缴纳社会保险或个人所得税证明的非本市户籍居民家庭暂停购房。此举被业内认为全国"最严厉"。数据显示，2011 年 1 月北京市外省人所购期房占比为 43.7%，如果有一半的人不能提供五年社保及纳税证明，或者已有多套住房，那将有至少 20% 的购房者无法买房。

"限购令"从一线、热点城市迅速蔓延至二、三线城市。至 2011 年 3 月 10 日，35 个城市陆续出台限购政策，限制户籍及非户籍家庭所购置住房的数量。

我们应该认识到，限购政策的目的是遏制投机（投资）性购房需求，减少非居住需求及冒名货款购房行为，促使房价回归理性，即使"暂时"受到影响的非沪、非京籍人士，也将从房价趋稳中得到实惠。若有更多的房价虚高城市实施类似调控政策，会有更多的普通百姓从中受益！

中国人民大学经济研究所 2010 年 12 月发布的一项研究报告称，在楼市新政持续的基础上，货币政策的调整以及楼市调控加码，2011 年上半年房地产行业资金链将出现严重问题，房地产价格将出现 20% 的下滑，预计 3~4 月是楼市全面调整的时点。

10.2.2　房产税影响房价

如第 7 章所述，房产税可以增加财政收入，一些地方政府的积极性很高。

韩国是近年开征类似房产税税种的国家之一。称之为"综合不动产税"。其开征时点也颇类似我国当前面临的局面。韩国房价在 2001~2006 年疯狂上涨，首尔市繁华地域的房价每年上涨 10%~20%。政府为了打压高房价，推出了一系列措施，其中之一是征收"综合不动产税"。2005 年开征，以 6 亿韩元以上高端住宅为主，税率 1%~3%。此税提升了投资者的持房成本，导致投机者抛售，引起房价下跌。韩国房价出现拐点，2005 年全国房价下降了 4.2%，首尔房价降幅最大的逾 9%。

10.2.3 房产税开征

2011 年 1 月 27 日，国务院同意在部分城市进行对个人住房征收房产税的改革试点，具体征收办法由试点省、自治区、直辖市自行制定。相关负责人表示，房产税为地方税，收入属地方财政收入。为充分体现调节收入分配的政策目标，将全部用于保障性住房特别是廉租房和公租房建设，以解决低收入家庭住房困难等民生问题。

同日，上海公布了部分房产税试点细则。不新购不征，起征点人均60 平方米。暂按应税住房市场交易价格的 70% 计算。适用税率暂定为 0.6%。若非本市居民家庭，在本市新购住房即征收。

居民家庭在本市新购且属于第二套及以上住房的，合并计算的家庭全部住房面积（指住房建筑面积）人均不超过 60 平方米的，其新购的住房暂免征；人均超过 60 平方米的，对属新购住房超出部分的面积计征。应税住房每平方米市场交易价格低于上海市上年度新建商品住房平均销售价格 2 倍（含 2 倍）的，税率暂减为 0.4%。上年度新建商品住房平均销售价格，由市统计局公布。

根据上海市统计局公布的数据，2010 年新建商品住宅平均销售价格为每平方米 14213 元（内环线以内 48032 元，内外环线之间 14831 元，外环线以外 11961 元）。市地税部门有关负责人表示，2011 年房产税税率减免依据以每平方米 14213 元为准。应税住房房价低于每平方米 28426 元的税率为 0.4%，超过这一价格的税率为 0.6%。房产税税额 = 新购住房应征税的面积（建筑面积）× 新购住房单价（或核定的计税价格）× 70% × 税率。以 100 平方米应税面积、每平方米 3 万元单价计算，应纳房产税为 $100 \times 30000 \times 70\% \times 0.6\% = 12.6$ 万元。未按时足额缴纳的，从次年 1 月 1 日起按日加收税款万分之五的滞纳金。

同日，重庆也公布了部分房产税试点细则。主要对增量房征税，对独栋商品住宅则存量及增量房均征税，征收对象为高档住房和外地人二套以上住房。方案显示，房产市场交易价格与重庆主城区新建商品住房建筑面积成交均价相比，3 倍以下征 0.5%，3 ~ 4 倍征 1%，4 倍以上征 1.2%。不缴税处以 5 倍罚款。

据报道，重庆房产税开征一个月，共收税 17 笔，149978.01 元。被征收的对象多为外地炒房者和高档住房所有者。对在该市无户籍、无企业、无工作的个人新购第二套（含）以上的普通住房，税率为 0.5%。

至 3 月 1 日上海尚未有房产税入库消息。上海是对新增房源征收房产税，在年底前皆可缴纳，因此年底前将可能公布已有多少税收入库。

10.2.4　加息加重贷款购房负担

按国外流行的观点，按揭月供超出家庭收入的 30% 的家庭（个人）不宜购房居住。我国银监会的规定是 50%。据《中国住房发展报告（2010~2011）》对 33 个主要城市的统计，截至 2010 年 6 月，仅有呼和浩特、济南、重庆按揭贷款月度偿付率低于 30%，高于 50% 的城市有 10 个，前三名是北京 111.4%、深圳 85.6%、昆明 72.9%。

央行在 2010 年 6 次上调存款准备金率，在第四季度连续两次加息，表明中国步入加息周期。专家预计，2011 年央行会继续利用加息作为调控工具，干扰房地产市场，为经济发展保驾护航。

住房公积金贷款利率也在 2010 年 12 月上调。

利率上调，以银行（或住房公积金）贷款按揭购房者的利息负担加重，月供增加，生活不可避免受到影响。按贷款 100 万元、20 年计算，如果购买的是二套房，利率上浮 1.1 倍，加息后的贷款利率增加到 7.04%，两次加息累计提高 0.51%，总利息增加 72868.11 元，月供增加 303.62 元。

据报道，2011 年春节后在深圳购房已无法享受到任何贷款利率优惠。

2011 年 2 月 8 日央行发布公告，自 2011 年春节长假后上班第一天起，上调金融机构人民币存贷款基准利率。5 年以上贷款基准利率由 6.4% 上调至 6.6%，这使得购买第一套房，贷款 100 万、20 年的月供增加了 117 元。经过几次加息兼之利率优惠取消，目前首套房贷款 100 万、20 年的利息总支出比加息（七折利率优惠）及调控前增加额超过 30 万元。

相应地，2 月 9 日，住建部下发通知，调整住房公积金存贷款利率。5 年期以上个人住房公积金贷款利率上调 0.20 个百分点，由

4.30% 上调至 4.50%。

16 日，北京将贷款购买第二套住房的家庭，执行"首付款比例不低于 60%，贷款利率不低于基准利率的 1.1 倍"的政策面扩展至住房公积金。

18 日，国家统计局发布 1 月宏观经济数据，70 个大中城市与上月相比，房价涨幅超过 2.0% 的有 3 个，下降的有 3 个。与 2010 年同月相比，上涨的有 68 个，下降的有 2 个。其中，涨幅超过 10.0% 的城市有 10 个。

同日，人民银行宣布，上调存款类金融机构人民币存款准备金率 0.5 个百分点。这是继 1 月 14 日后，年内第二次上调，也是自 2010 年以来，连续第八次上调存款准备金率。经此次上调，大型金融机构存款准备金率达到 19.5% 的历史高位。业内预计，存款准备金率年内或会上调到 23% 左右。果然，央行 2011 年 3 月 18 日宣布，从 25 日起再上调 0.5 个百分点。大型金融机构存款准备金率将达到 20%，中小金融机构达到 16.5%。

存款准备金是金融机构存放央行的资金，可以在一定程度上限制金融机构的信贷扩张。按照 2011 年 1 月月末人民币存款余额约 71 万亿元测算，上调 0.5 个百分点将冻结资金约 3500 亿元。

两个月未满，2011 年第二次加息突至。中国人民银行 4 月 5 日（时值清明假期）决定，翌日起上调金融机构人民币存贷款基准利率。一年期存贷款基准利率分别上调 0.25 个百分点，其他各档次存贷款基准利率及个人住房公积金贷款利率相应调整。这是始于 2010 年 10 月 19 日的本轮加息周期的第四次。不足六个月的时间里加息 4 次！

按揭购房者无疑随着一次次加息，一百几百地提高按揭月供支出，生活受影响。潜在的购房者一个个开始打退堂鼓。

10.2.5　居民的购房意愿降低

预期国家房地产调控政策将发挥作用，居民的购房意愿明显下降。2010 年 12 月中国人民银行作了一次问卷调查。认为 2011 年一季度北京市房价下跌的占 26.9%，认为继续上涨的 20.6%，39.4% 的居民认为下季度房价基本不变。调查共发放问卷 1300 份，回收有效问卷 1043 份。

居民购房意愿明显回落。面对高房价，超过五成的居民在未来一年都没有购房意愿，创 2008 年以来的新高。有 18.1% 的居民有购房意愿，一年后有购房意愿的居民占 27%，两者占比均有所下降，而没有购房意愿的居民占比 54.9%，较上季大幅上升 11.5 个百分点。

调查显示，北京居民完全产权自有住房率为 72.4%，多套住房拥有率达到 18.3%。2010 年一季度，北京市投资性购房居民占比曾高达 23.1%，而到四季度，在有购房需求的居民中，投资性购房居民占 16.7%，比三季度下降 3 个百分点，也是新低。

据中国人民银行网站披露，2011 年第一季度，央行在 50 个城市进行了 2 万户城镇储户问卷调查。对当前房价，74.4% 的居民认为"过高，难以接受"。对调控后房价走势，33% 的居民预测房价将"保持稳定"，30% 持"上升"预期（或"先降后升"），近 20% 持"下降"预期（或"先升后降"）。未来一季有购房意愿的居民占 15.4%。

在各主要投资方式中，选择"房地产投资"的居民达 25.1%，比上年年末减少 1 个百分点，仍为投资首选。

受各类调控政策影响，全国 72 个大中城市，2011 年 2 月仅有 239 个商品房项目开盘，环比下降了 69.82%。其中 15 个城市 2 月出现零项目开盘。

一线城市的楼市成交量大幅萎缩，部分城市下跌幅度甚至达八成。深圳市规划和国土资源委的数据显示，至 2011 年 2 月 26 日，新房成交面积约 14 万平方米，较 1 月份下跌约 60%。上海新建商品房成交量萎缩更加明显，据市住房保障和房屋管理局数据，至 2 月 27 日，成交面积 19.7 万平方米，比 1 月份下跌 81%，与 2010 年同期相比下降近一半。北京市房地产交易管理网的数据显示，2 月北京期房住宅成交量为 2925 套，比 1 月份的 9000 多套下降了七成左右。

部分城市的房价开始松动。官方数据显示，2 月深圳一手房成交均价为每平方米 18116 元，较 1 月份的 20168 元下跌约 10%，较 2010 年 2 月的均价 24195 元下跌约 25%。

中国指数研究院的报告显示，2011 年 2 月，全国 100 个城市住宅的平均价格为每平方米 8686 元，环比仅仅上涨 0.48%。有 80 个城市的房价环比上涨，2 个城市与上月持平，18 个城市呈现环比下跌。虽然 80% 的城市房价仍在上涨，但幅度很小。环比涨幅在 1% 以下的城市有 78 个。十大城市中，武汉和广州的环比涨幅最大，可未高出 1.5%，其余 8 个大城市的房价涨幅也均低于 1%。

据国家统计局统计，2011 年 1 月与 2010 年 12 月相比，70 个大中城市涨幅超过 2.0% 的城市是 3 个。2 月与 1 月相比，环比价格下降的城市有 8 个，持平的有 6 个。下降的城市数增加 5 个，上涨的减少 4 个。环比涨幅超过 1.0% 的城市有 7 个，比 1 月份减少了 12 个；涨幅缩小的城市有 44 个。2 月份环比价格下降、涨幅缩小的城市个数明显增多。

一年一度的“上海之春”房产展示交易于 2011 年 3 月 17~20 日在上海展览中心举行。作为上海楼市开春第一展，每年开发商纷纷借此机会推出新盘、展开全年推介。但据介绍，今年确定参展的房地产企业仅有 40 多家，参展楼盘约 60 个，与去年 200 家开发商、300 多个楼盘的热闹场面相比，参展量大幅缩水，多家知名房企纷纷缺席。

在第 4 章我们曾介绍，2010 年以来，京城 CBD 东扩和通州新城规划等概念忽然火爆，东五环外楼盘价格飞涨。因被摇中号而颇感幸运的小王极不情愿地接受开发商的两次涨价，选购了某上市公司“××一方”二期北×园的一套期房，本以为可以圆住房梦了，不想却是莫大烦恼的开始。

“京十五条”颁布后不久，2011 年 3 月 5 日“××一方”二期的北×园又一次开盘售房。上午 8 时许，一群手持“退房”标语的“抗议者”，聚集在售楼处周围，向看房者散发“用我们的血泪给您换来的购房经验！”的传单。[①]“抗议”的缘由和新盘的价格有关。与前一批房源相比，此次楼盘销售均价每平方米降 4000 元。参与者是北×园前两次开盘时购房的 30 多名业主。他们分别在 2010 年的 4 月和 11 月，以每

---

① 记者兰方.北京一楼盘大幅降价　业主集体散步“维权”.财新网.

平方米 2.5 万元的均价买入北×园的期房。可元旦刚过，部分户型就以每平方米 4000 元的降幅销售，而现在新开的 300 多套房屋，也延续着降价的势头。

"抗议者"真正的诉求是摆脱政策变动所加于其身的巨大资金压力。自 2010 年 4 月签约买房起，国家楼市调控屡屡发力，首付比例提高，贷款利率上调，利率优惠取消，而售楼人员承诺的楼盘封顶时间延后，导致部分购房者成为"被调控"的对象。

权衡陡然增加的购房成本和未来支付风险，不少业主希望退房。可根据合同约定，因贷款政策变动导致业主无力支付房款的情况，被排斥在"不可抗力"和"情势变更"之外。若要退房，业主们需承担违约责任，违约金为总房款的 20%，相当于几十万元的首付款要"打水漂"。

小王粗略一算，除要补交 21 万元的首付款，月供也在 8000 元的基础上增加 1000 元左右。考虑到每个月小两口税前总收入不过 1 万多元，小王第一个念头便是"退房"。而另一部分业主进退两难。他们相当一部分人并没有北京户口或连续五年的社保、纳税证明，在京版"限购令"出台后，一旦退了房，一两年内就再也买不上了。

前期高价买房的业主提出，希望开发商平等对待北×园所有业主的权益，补偿 2010 年 4 月和 12 月，以 2.5 万均价购买××一方业主的差价。开发商拒绝了："我们所有的承诺已体现在双方签署的合同中，我们按照合同约定执行"。

不少无力支付首付款的业主要求退房。而根据合同约定，买受人退房需经出卖人同意，并支付 20% 的违约金；若不同意，双方应继续履行合同。

3 月 8 日，众业主来到朝阳区建委投诉××地产的"违规行为"，却被告知，合同未约定楼房封顶时间，只要能按时交房，谈不上违规违约。至于价格，负责监管的发改委工作人员称，"一房一价"是为了保证商品房销售的公开、透明，开发商当然可以打折销售。似乎只剩下诉讼一条途径。冗长的法律程序和诉讼风险让大部分人提前有了挫败感。

业主们的处境并未获得广泛的同情，相反还遭到不少讥讽。有人称：签合同的时候只想着房价年年会涨，40 万元首付很快就会变成增长的财富，就不想想风险，怪谁？

10.3
保障房建设在加速

　　2010 年 12 月中央经济工作会议明确指出"要加快推进住房保障体系建设，强化政府责任"。住建部计划 2011 年在全国建设保障性安居住房 1000 万套，相比 2010 年的 580 万套，增长 72.4%。1000 万套保障性住房按 60 平方米每套计算，相当于 6 亿平方米的建筑面积，为 2010 年商品住宅建设总面积的 60%。国家统计局发布的 2010 年全国商品房销售面积是 10.43 亿平方米。

　　2011 年 2 月 27 日，中共中央政治局常委、国务院总理温家宝在中国政府网、新华网与网民在线交流时称："我想中央已经下了这个决心，我们计划在今后 5 年，新建保障性住房 3600 万套。保障性住房应当以公租房和廉租房为主，再加上棚户区改造。"保障房达到 3600 万套以后，覆盖率可以达到 20%，这将有力地缓解住房的压力，特别是解决中低收入和新参加工作的大学生住房的要求。

　　媒体曝光的上海新规划："十二五"期间，上海计划新建新增保障房 100 万套。平均每年 20 万套保障房，若能实现相当给力。北京市已经完成 2010 年公租房建设和筹集任务 130 万平方米，2011 年将提高 4 倍，超过 500 万平方米。"十二五"期间，深圳将建保障房 24 万套，年均约 5 万套。

　　相比经济发达省市，中西部省市也不甘示弱。西安市 2010 年公租房建设规模仅为 30 万平方米，未来 3 年计划建设 373 万平方米。重庆计划在未来 3 年，建设 3000 万平方米公租房，解决 200 万户家庭住房困难问题。甘肃省也宣布，将在商品房开发中配建不低于 5% 的公租房。

　　以住房公积金为贷款支持保障房、公租房建设已经迈出实际步伐。2010 年 8 月，住建部、财政部等七部委印发《关于做好利用住房公积金贷款支持保障性住房建设试点工作的通知》，确定京、津、渝等 28 个城市为试点，涉及 133 个保障房项目，贷款额度约 493 亿元。取得经验之后，在全国范围推广为期不远。

此前，财政部等部委曾发出通知，将中央财政补贴、土地出让纯收益和公积金增值收益部分所产生的资金进行统筹使用，允许地方政府建设公租房时使用。

一些开发商也联合起来成立保障房建设基金，据报道，华远集团、路劲地产等几大地产集团将成立国内首个公租房基金，并于 2010 年 11 月 16 日召开了筹备会议。该基金将采取与地价联动的方式来制定租金标准，预计租金水平在市场价的 50% ~ 80%，根据公租房的租金水平，政府给予拿地、税收等方面的政策优惠扶持。

据新华社报道，社保基金投资保障房 30 亿元信托贷款项目签约仪式，2011 年 2 月 26 日在江苏省南京市举行。该资金用于花岗、西善桥等四个保障性住房项目的建设，建筑总面积 980 万平方米，可为南京市提供 8 万套保障房。贷款期限 2 年 11 个月，利率 6.05%。

这是社保基金以信托产品形式投资保障性住房的第一单，也是落实国家战略、支持保障性住房建设的一项创新之举。全国社保基金理事会副理事长王忠民表示，社保基金还将选择合适的项目参与，投资规模不会小于南京保障房项目。

社保基金是中央政府集中的社会保障资金，是国家重要的战略储备，主要用于弥补人口老龄化高峰时期的社会保障需要。2010 年以来，全国社保基金投资规模达到 8500 亿元，年增长率达到 9%。据其财务会计报告，至 2010 年年底基金总规模共 8568 亿元。基金成立以来年均收益率 9.17%。2010 年投资收益 321 亿元，收益率 4.22%。[①]

社保基金参与保障房建设，不仅风险低，收益率高，而且体现其社会保障的宗旨。

在国家加大保障房建设力度的政策背景下，配建保障房地块占比上升。北京、上海、深圳等地在探索新的土地出让方式。

---

①　马婧妤. 戴相龙：社保基金将稳定和增加股票投资 [N]. 上海证券报，2011 - 03 - 16.

2010 年 10 月，深圳以"定地价、竞房价"的方式出让一块安居型商品房用地，这种商品房的最高销售基准价格为每平方米 8000 元，竞拍以 8000 元为最高基准，价低者得，最终某集团以每平方米 7380 元的最低报价拍得该地块。

根据北京市国土局规定，采用"限价格、比租赁房面积"的地块，挂牌出让宗地设定合理土地上限价格，当竞买报价达到合理土地上限价格时，则不再接受更高报价，转为根据现场投报配建租赁房面积的方式确定竞买人。该方法已经在顺义及房山等多块地进行了试点，义张镇居住项目用地经 3 家企业多轮竞价，达到价格高限后，改为竞政策性租赁房面积。最终由某房地产公司以 1.6 亿元及配建 15600 平方米租赁房竞得。

北京市在 2010 年 11 月之后成交的 35 块住宅类地块中，半数都要求配套建设不同比例的保障房。业内人士预计，"限价格、比租赁房面积"的出让程序正逐步规范化，很有可能成为 2011 年北京土地市场上的常例。

为确保 2011 年 1000 万套保障房建设任务的顺利完成，国家保障性安居工程协调小组于 2011 年 2 月 24 日与各省级政府签订了工程建设目标责任书，将 1000 万套保障房建设任务分解到各地。国务院副总理李克强强调，建设 1000 万套保障性住房是硬任务，各地要抓紧安排开工，尽早建成投入使用。地方政府 2011 年的保障性安居工程建设任务，必须在 10 月 31 日前开工建设。届时将组成联合检查组进行检查，对于未能按期开工的地方政府，视情况对其行政首长负责人进行问责。总理温家宝 2011 年 3 月在"两会"报告中表示，建立健全考核问责机制：稳定房价和住房保障工作实行省级人民政府负总责，市县人民政府负直接责任；有关部门要加快完善巡查、考评、约谈和问责制度，对稳定房价、推进保障性住房建设工作不力，从而影响社会发展和稳定的地方，要追究责任。

2011 年 3 月"两会"期间，国家发改委负责人在记者会表示，"十二五"规划纲要的一个突出的亮点是民生优先，未来 5 年，我国将建设 3600 万套保障性住房。2011 年 1000 万套，2012 年 1000 万套，后面 3

年还要建 1600 万套，使保障性住房的覆盖率达到 20%。每 5 人就有 1 个能享保障房。

如何保证 3600 万套保障房无空置、居住者确实为需要保障的住房困难户乃是问题的关键。"中国模式"是一条非常值得尝试的路子。随着保障房数量快速增多，普通百姓、广大青年的居住需求获得满足，中国房地产行业的突出矛盾迅速缓解，国内的房价必将步入合理。

10.4

忌购商业中心、旅游胜地

房地产商深谙开发"黄金地块"稳赚不赔之道。购置房产者却要多长一个心眼，或能避免被拆迁，"保住"自己的住房。

2008 年，××省××市在火车站改造的时候，将规划不足十年、建成才七年的居民小区"芳草苑"拆迁。按最新规划图片，芳草苑在火车站改造范围之外，拆除后将兴建商务楼、旅馆和商场。

央视《焦点访谈》2010 年 4 月对另一起计划拆迁事件作了深入采访报道。

××省××市渡江西苑小区建成于 2002 年，共两栋住宅楼，落成时间不足八年，有 40 多户居民。入住时间长的五六年，最短的未满三年。一墙之隔的福运苑小区建成于 2003 年，有 30 多户业主。一些住户刚刚装修完毕，还没有来得及入住。一位业主说，装修花了 20 万元，房子质量相当好，拆了不是白白浪费吗？

好好的房子，没住几年，怎么说拆就要拆呢？经了解得知，范围包括渡江西苑和福运苑两个小区、总面积 900 多亩的土地使用权已经由市政府于 2 月 11 日出让给一家房地产公司，作价每亩 250 万元。

业主们非常震惊，持有的土地使用证注明土地使用性质是出让，使用期是七十年。业主们不解："土地出让以后，能不能第二次出让？""这样做，公民的财产怎么得到保护"？国土部门称："不止是一个地方在做。从政府来讲，以社会效益为主"。

据记者调查，这 900 多亩土地位于该市古运河风光带南岸，是难得的黄金地段，商业潜力巨大。按新规划，开发商将主要开发商品房、商铺等商业项目。市政府因此获得了 20 多亿元的土地出让金。渡江西苑、福运苑两个小区的业主大多是工薪阶层，为了买这里的房子，有的花光了两代人的积蓄，有的至今尚未还清银行贷款。他们本以为可以安居乐业，没想到事与愿违。

主持人最后说：个人财产不容侵犯，这是宪法、物权法明确规定的法律原则，在地方却被无情践踏。土地还没收回居然就敢拍卖，这和拿着别人的东西卖钱有什么不同呢？……老百姓辛辛苦苦攒钱买房，第一次购房，政府已经从房子下面的土地转让中赚了钱；没几年，房子被拆掉还是建商品住房，而房子下的土地二次转让，政府又赚了钱。可老百姓却被来回折腾，利益受损。百姓的要求无非就是"安居乐业"。更让人不安的是，这种事情在全国还具有一定的普遍性，并非个案。这怎么能让老百姓安居乐业呢？

古元在好思好网站撰文称，其子"小木纳"准备购房（单位内部房）时，他一再告诫儿子："不要选择地段特别好的住房"！未获接受。5 年后，儿子所在单位觉得这块"黄金地段"再开发的升值空间很大。"小木纳"成了"拆迁户"！得不偿失的一点补偿不提也罢，入住才 5 年的新房变成了"旧房"——十几万元的装修变成了一堆垃圾，还背上了几十万元的房贷，成了"房奴"。

新建不久的小区、楼宇被拆迁的现象并不鲜见。留意一下就会发现，许多城市里的商业中心、旅游胜地（包括周边地区）等繁华地段的建筑，要么是近年新建的，要么正在拆除准备重建。此等房地产商眼中的"黄金地块"上的住房、商铺，在多数情况下并不适合普通百姓购置。

"黄金地块"上的住房、商铺，即便是建成使用时间不过二三十年，也难逃拆迁重建的命运。低层的住房、商铺拆除，建成高层的住房、商铺，高层的宾馆、商业大厦拆除，建成超高层的商业中心。这些都可以成为冠冕堂皇的拆迁理由，化身鼓动普通百姓购置新建物业的诱饵。楼房的建筑质量，也很容易被当做拆迁的借口。

第 7 章曾介绍过，面对隆隆而来的推土机，清华大学法学院博士王进文也保不住自己的家；唐福珍牺牲生命也护不住自己的房子；张熙玲、李玉梅、郑红霞老师不在拆迁补偿协议上签字即被停课，调往偏远山区；朱雯老师因娘家人不在拆迁协议上签字即被停课，被停发工资……抗拆无法保住有房者的房子。

购置一套房产居住二三十年都是痴心，又怎么能够留给子孙呢？

2011 年某市拍卖土地的预申请须知中出现了这样的条款："出让人收回并补偿相应残余价值"。该规定引起了广泛关注。因为这意味"土地使用权到期后无偿收回"，购房者只能得到"补偿相应残余价值"。与其说购房者支付的数十、数百万资金是买房款，不如干脆说是租期在"七十年以内"的住房租金。如果不幸遇到拆迁，租期更短。

据了解，类似规定并非孤例，多个省市的土地出让合同关于土地使用权到期后的处置，均为意思相同的格式化表述。这个规定来自何处呢？据媒体调查，源自 2008 年 4 月 29 日国土资源部和国家工商总局联合发布《国有建设用地使用权出让合同》示范文本。第 25～27 条规定的意思是：住宅建设地使用权期限届满的，自动续期；"无偿收回"的情况主要是针对非住宅用地，且用地期限届满前一年未提出续期申请，或者申请未获批准且事先约定不补偿的情况。

人大代表、娃哈哈集团董事长宗庆后道出了不少有房者的担忧：如果只有 70 年，等于我们还完贷房子就不是自己的了，那不是世世代代做"房奴"？

住宅 70 年"大限"的规定，究竟是怎么来的呢？国务院参事陈全生称，我国土地使用权最长 70 年的规定最初仿自香港。当初深圳办经济特区，涉及港商租赁国有土地的问题，因为当时"办特区就是办租界"的舆论压力，深圳的领导不写土地租赁办法，但是又不能让港商白用土地，"没办法，就说香港有一个 70 年的办法，拿过来一用很好用"。此后，深圳的 70 年土地使用权经验被 14 个沿海开放城市仿效，最终成为全国适用。

香港之所以实行在一定期限内（不超过 99 年）转让土地使用权，是因为香港大部分土地是英国 1898 年通过《展拓香港界址专条》从清政府租让新界（期限 99 年）得来，土地并非港英当局所有。

有多少年产权，可供居住多少年，会不会在未来的若干年里被拆迁？……这些都是计划购置房产时必须厘清的问题，惟其如此，方能安居乐业！

10.5
"质量就是生命"

"轰"的一声，2009 年最让全国人民张口结舌的事情发生了，一栋未入住的 13 层楼房倒下了。6 月 27 日凌晨 5 点 35 分，上海市闵行区"莲花河畔景苑"7 号楼突然向南侧倾倒，一栋建筑物整体倒下实属罕见，连专家也称"见所未见，闻所未闻"。事故原因有专家鉴定，暂不讨论。这一事件给我们敲响了有关住房建筑质量的警钟。

媒体报道，××市保障房在 2009 年遭遇了"质量门"。蓝桥名苑是九堡地区典型的经济适用房小区，一期 800 多套经适房在交付过程中，普遍出现空鼓、裂缝等现象，各类投诉涉及 500 多套住宅。房屋不仅存在质量问题，还存在设计缺陷，最突出的是所有的厨房间都没有引入自来水管道。

商品房的质量问题也有较多报道，由于尚未造成严重后果，未引起人们的足够重视。但是，有意购房者却不能大意。

"质量就是生命"是一句生产制造业（包括建筑业）十分熟悉的口号。它告诫人们，奶粉、粮油、食品、药品是供人食用的，摩托车、汽车是供人驾驶乘坐的，房子是给人居住的……质量关乎人的生命。对住房而言，质量的确是住房的"生命"。质量合格的楼房可供居住更长的时间，耸立人间的年月就多。反之，存在质量隐患的住宅过不了几年就必须拆除。一套存在质量隐患的房子，无法让人安心居住，也谈不上留给子孙继承。

一方面因为短时间抢进度建设超大量楼房，另一方面为节省费用赚取更多的利润，个别建筑商在建设住房的过程中，难免挖空心思偷工减料，少部分住房存在或多或少的质量隐患。居住几年不会出现什么问题，过得十年、八年就难说了。

古元的儿子"小木纳"被拆迁后，选择了高层住宅，"吉祥数"——18 层。入住一个月，患有心脏病的儿媳妇就报了两次病危。儿子云："成天都得打开窗户，总感觉空气不够用，很闷。"缺氧倒也罢了，最可怕的是刮大风的时候，整个楼体是晃动摇摆的，所有打开的窗户和门都关不上；防盗门由于楼体摇晃，无论如何也打不开。

过了半年多，"小木纳"赔血本把高层住宅处理掉，老老实实买了一户地段不是特别好的"框架"楼入住。

云南盈江是一个经济不太发达的小县。星星佳园是县城最贵的楼盘之一，2000 多元的价格比普通楼盘的售价要高出一倍多，附近的楼盘每平方米约 1200 元。针对盈江多地震的特点，开发商在售楼时打出了"能抵抗烈度为 8 度地震"的宣传口号。

2011 年 3 月 10 日，盈江发生了 5.8 级、烈度 7 度的地震，一年前入住的业主发现，小区内多个区域被安全带隔离，房体多处严重开裂、悬着的砖块，承重墙钢筋发生弯曲，其中一栋甚至发生明显倾斜。而周边的楼盘，在地震中房子并没有裂得如此厉害。有业主请建筑业人士察看，发现承重墙的钢筋密度根本不够，还不到标准密度的 2/3。

县城建局局长接受采访时表示，已经接到了市民投诉，并安排了建筑专家前往现场评估鉴定。结论是，整个小区已成危房。入住不到一年的 200 多户业主，必须撤离。一些暂时无法安置的业主暂住帐篷里。某业主说："最心疼的还是我们的房子，花了 30 多万元买的，一下就震成了这个样子。"

2010 年 4 月，住建部副部长仇保兴在第六届国际绿色建筑与建筑节能大会上说，中国是世界上年新建建筑量最大的国家，每年 20 亿平方米新建面积，相当于消耗了全世界 40% 的水泥和钢材，却仅持续 25 ~ 30 年。如此短命的建筑将每年产生数以亿计的建筑垃圾，给环境造成了巨大的威胁。①

业内人士说，我国建筑垃圾的数量已占到城市垃圾总量的 30% ~ 40%。据对砖混结构、全现浇结构和框架结构等建筑的施工材料损耗的

---

① 中国建筑平均寿命仅 30 年　年产数亿垃圾. 中国日报网.

粗略统计，在每万平方米建筑的施工过程中，仅建筑垃圾就会产生 500 吨~600 吨；而每万平方米拆除的旧建筑，将产生 7000 吨~12000 吨建筑垃圾，每年拆毁的旧建筑占建筑总量的 40%。

住房的使用寿命越长经济效益越大。目前国内城市中的大量住宅都是近 20 年批量建设的，平均寿命一般情况下低于 50 年。发达国家的建筑寿命则长得多，英国达到了 132 年，美国达到了 74 年。

延长建筑寿命，就会有更多的房子供人居住，缓解黎民百姓的住房困难，也是一个提高劳动价值、减少我们的汗水付出的大事。

10.6
炒房有风险

清华大学金融研究中心的数据显示，2008 年 12 月上海住房均价每平方米 7642 元，2009 年 8 月为 15450 元，上涨 100%。2009 年 11 月北京的房价比 2008 年 10 月上涨了 90%。2009 年全国房价平均上涨幅度 22.4%，2010 年又平均涨 24%[①]，房价在随后的若干年里还会继续疯涨吗？

认为房价将继续上涨的最有力证据是地价在涨。在没有增加多少拍卖土地量的情况下，土地出让金收入由 2009 年 1.59 万亿元疯涨到 2010 年 2.7 万亿元。很多地方的住宅楼面地价也确实在涨。例如，北京市住宅楼面地价已由 2009 年的每平方米 6189 元，飙升至 2010 年的 8256 元。问题在于，房价是否必然随着地价上涨呢？

10.6.1 "面粉比面包贵"

住宅的基础是土地，购地支出将作为房产成本体现在房价上。土地贵，房价高。这是普遍现象，但不是必然现象。开发商在确定房价时会考虑购地成本，但不能不顾及同类房产的价格。因此，仅地价对房价的影响而言，真正决定房价的是土地的平均成本，而不是单块土地的价格。这是购房者务必分清的。

①　朱贵明. 房价必跌. 社会科学文献出版社 [J]，2010：208－211.

成本＋利润＝价格。这也不过是经济公式，是一些经营者的愿景。在普遍现象之外，还有特殊情况。残酷的市场教育了很多人，有时成本大于价格，即"面粉比面包贵"。于是，有了众多的亏损企业、经典的失败案例和蚀本的生意人。第 2 章介绍的"香港置地"正是一家由于高价抢地，陷入财务困境的房地产开发商。

特殊情况通常会出现在什么时候呢？

成本只能在一定程度上决定价格，供求关系制约着价格。在经济学上，价格与供求互相制约就包含了这样的思想。另外，影响价格的重要因素还有国家政策。

如果将某地区（国家）每年（或每月）的房价连成线，会得出一条曲线，与常见的证券市场中的指数曲线或单只股票价格曲线如出一辙，形如波浪。房价的运行正像指数或股票价格一样，有短时间的波峰和长时间的波谷。在波峰和波谷上，价格变化不大，涨跌幅度很小，而在另外的两个时期（一般时间比较短暂）则是迅速上涨或迅速下跌。

赫赫有名的职业证券投资人"杨百万"深谙波峰波谷套利之道，将一个波峰波谷周期细分成 9 个阶段，在波谷后期购入股票，在波峰出售，百战百胜。

100 元采购的商品，售价超过 100 元才有利可图。如果消费者不接受标价，商品要么成为库存积压，要么低价处理。经过等待，积压的商品可能会卖个有利润的价格。不过，等待期可能非常漫长，商品占用的资金损失的机会成本更是难以估算。房价步入下跌周期，时间非常漫长，超过 10 年的比比皆是。有多少人能够熬过漫长的 10 年、8 年？如果在等待期遭遇拆迁，补偿只有购房资金的若干成，损失更难弥补。

波峰就是"面粉比面包贵"的特殊情况。土地价格波峰时期买地建房，可能会使成本高于价格。同样，房价波峰时期购房居住或作为投资，可能会面临房产大幅贬值，投资亏损。清楚了这个道理，在购房自住或者购置房产作为投资的时候，我们心中就有谱了。

若房价运行在波峰，说明房价很难继续上涨，持有房产者可以考虑出售，获利了结，避免房价下跌带来的利润损失和心理折磨；若房价运行在波谷，说明房价很难再下跌，不论是购房自住，或者作为一项投资，都是出手的良机。

北京、上海、广州、深圳四大一线城市 2010 年新建商品住宅价格同比普遍大涨，涨幅最小的是广州 23%，北京涨幅最大 42%。结合 2009 年全国房价暴涨的历史，国内房价是处在波谷，还是处在快速上涨阶段，或者是处在波峰呢？——这个问题留给各位读者自己作答。

为什么大量的投机资金涌入，房价暴涨之后还会暴跌呢？这个问题，很多专家都说不明白，其实不难分析。投资资金或投机资金都是以追求利润为目的的。当价格在大量涌入的资金推动下暴涨时，先期买入的资金在账面上迅速盈利，利润率达到预定目标时，有人就会抛售房产兑现利润，于是价格上涨速度趋缓。一些人发现价格上涨乏力，担心账面盈利减少，开始抛售房产，波峰形成。一部分投资（投机）者因此相信价格不可能再涨，也加入抛售行列，价格开始下跌。更多的投资（投机者）担心账面盈利会因价格下跌化为乌有，或因价格下跌造成亏损，也大量抛售房产，从而造成价格暴跌。因此，有时价格的暴跌即使是政府也难以操控，原因是谁都不愿意蒙受损失。

不以居住为目的的按揭购房，本质上是一种投资行为，与贷款经商无二。在房价快速上涨期或波峰期，以按揭方式购买房产，梦想房价进一步攀升抛售牟利，是一种典型的投机行为，蕴藏极大的风险，有可能不仅血本无归，甚至背上一身的债务。天网恢恢，疏而不漏。如果是机关公务员参与炒房，随着国家对房地产乱象整治的深入，可能会"偷鸡不成蚀把米"。

10.6.2　购买"处理品"

一般说来，处理品是不能买的。华人首富李嘉诚的成功经历颠覆了这个观点，让很多人大跌眼镜，房地产投资成功的秘诀恰恰是购买"处理品"。

1965 年，本港小银行明德银号参与房地产投机，导致流动资金短缺，发生挤提破产。由此引发银行信用危机，爆发挤提狂潮，数家银行倒闭，实力雄厚的恒生银行为免遭破产，也不得不出卖股权，受控于汇丰银行。在银行危机的冲击下，房地产价格暴跌，许多地产公司纷纷倒闭。同时"中共即将武力收复香港"的谣言四起，人心惶惶，触发了自第二次世界大战后第一次移民潮。一波未平一波又起，1967 年 5 月突发反英抗暴事件，地产界更是雪上加霜，炒房客断臂折翼，血本无归。港人纷纷贱价抛售房产，远走高飞。

正当别人贱价处理房产之际，李嘉诚却大量购入地皮和旧楼。3 年后，香港恢复正常，出走的商家返港，房产价格随即暴涨。李嘉诚又反其道而行，将 3 年前廉价购置的"处理品"——房产抛售获利。1971 年李嘉诚顺势成立长江地产有限公司。次年，易名长江实业（集团）有限公司上市，在香港地产行业大展拳脚，崛起成为华人首富。

一些书籍在总结李嘉诚这一役的成功经验时，认为得益于李嘉诚对香港工商业前景的信心。这是不准确的。在他抛售房产时正值香港社会恢复稳定，难道此时的他却没有信心，反而在之前的人心惶惶、反英暴动时期有信心吗？

大量的土地、房产沦为处理品，说明房价运行在波谷，可谓最佳的购房时机。李嘉诚此时出手，有了获利的基础。等到商家返港抢购土地和房屋时，价格暴涨，说明地价、房价将运行至波峰。戒除贪婪及时出售，把纸上富贵兑现成真金白银。李嘉诚此一役的成功经验是：购房选择最佳时机，售房时戒贪。

10.6.3　钟镇涛破产

2002 年媒体披露了一则轰动华人世界的消息："温拿五虎"时代就开始驰骋江湖的娱乐圈大哥级人物钟镇涛，不堪债务重压，正式申请破产。

自幼父母离异、家境清贫、初中文化的钟镇涛历来奉行节俭，和他交往过的女友大摇其头。与甜姐、乐易玲相交，钟镇涛送的礼品都是便宜的小物件，一点都不像当红的大明星。钟镇涛对家人也很抠，母亲依然住破屋，自食其力地工作。

1988 年，钟镇涛认识视他为偶像的香港富家小姐章小蕙，一见倾心，注册结婚。不久，生下一儿一女，凑成一个"好"字。

1996 年起，钟镇涛夫妇开始炒房地产。仅豪宅就耗资 1.52 亿港元购进 4 处。尽管钟镇涛是日进斗金的大明星，自有资金毕竟有限，章小蕙以 5 处豪宅为抵押，向裕泰兴公司借贷 1.54 亿港元。每笔贷款还款期只是数月至半年，部分年息高达 24 厘。不过，事与愿违。从 1997 年底开始，香港楼价开始下跌，钟镇涛夫妇购买的豪宅市值大幅缩水。例如，2135 万港元买进的红山半岛单位，1998 年 8 月卖出时售价仅 1050 万港元，损失惨重。

1998 年借贷到期，钟镇涛夫妇无法偿还。裕泰兴没收了钟镇涛及章小蕙名下 5 处豪宅，但楼价大跌，资不抵债。由于借贷利息高，本利达到 2.5 亿港元。次年，钟镇涛与章小蕙离婚，结束了 10 年夫妻关系，幸福的四口之家破裂。

不仅裕泰兴的巨额借贷本息无力偿还，银行也向法院递状追讨钟镇涛欠款本息。万般无奈之下，钟镇涛申请破产，搬出豪宅，迁居香港大学宿舍。工作、生活均受到不同程度影响。破产后的钟镇涛在接受媒体采访时坦言，这个结局的主因是投资失败，理财不当所致。

回顾 1996 年前后香港房价走势可以发现，钟镇涛破产的主要原因是购买房产的时机不适宜，更不该贷款投机炒房。香港房地产业从 1985 年复苏至 1996 年，时间延续近 10 年，房价涨幅近 10 倍，明显可能运行在波峰。这样的时点还投资房产，甚至不惜高息贷款，风险无疑十分巨大。1996 年香港豪宅价格涨幅有三四成，1997 年上半年涨幅也有三成。估算起来，钟镇涛夫妇购置的房产曾有四五成的账面利润。然而，像他们这般大举高息负债炒房岂会满足如此低的收益？价格暴涨到达波峰，短暂运行之后就开始暴跌，终于亏得血本无归。

当然，因此次房价暴跌破产的并不只是钟镇涛一人。2001 年 8 月份香港破产的人数超过了 1997 年全年的破产人数。

10.6.4　按揭炒房风险倍增

按揭购房是将房产产权转移到贷款方名下，购房者享有房产使用权，并依合同分期偿还贷款本息，至贷款本息还清之后，房产产权再转回购房者名下，真正为购房者所有。按揭能让购房者在支付少量资金（低至 10% 以下）的情况下，也拥有房产的使用权。若购房者收入稳定，出于居住目的，按揭是一种较佳的方案。按揭对金融机构而言是一种抵押贷款业务①。

许多炒房客利用按揭的特点——支付少量资金即拥有某房产的使用权——炒房。一个自有资金100万元的炒房客，若是全额付款，只能买一套价值100万元的房子。如果利用按揭的方式，就可以买5套价值100万元、首付款20%的住房。假设房价上涨10%，投资收益率就由10%提高到50%。设若首付是房款的10%，炒作10套房子，房价涨10%，收益率就是100%。

问题的关键在于，任何一种商品的价格不会永远处于上涨周期。如果判断失误，房价不涨反跌，哪怕10%的跌幅，若以20%首付款炒作5套房子，亏损额将达到50%；若以10%首付款炒作10套房子，100万元本钱将亏得一分不剩！

此种投机模式，西方人称"Leverage"（译"财经杠杆"或"资金杠杆"），类似物理力学中的杠杆原理。在房价上涨周期，按揭炒房暴赚的事例肯定不少。一旦房价下跌，按揭炒房血本无归的惨剧也将一幕一幕上演。

10.6.5 房子"空置"成本或会提高

如前所述，房产税提高了房产投资者的成本，"空置"也可能提高房产持有者的成本。空置房是指房屋竣工一年后未能销售的房子。无人居住的房子称为"空关房"，是指购房者不自住也不出租，因无人居住而"空关"。有专业人士将长期无人居住的房屋也称为"空置房"。囤房居奇、待价而沽被认为是房价居高不下的原因之一。

2011年3月"两会"期间，"空置房"是代表、委员关注的一个热点。很多房子两三年都没开过灯，院内一片荒草。全国人大代表、中国社会科学院学部委员程恩富表示，目前国内有3000万套以上空置房，应尽快制定政策处置——或卖或租。"如果不消化，政府再花巨资去造保障房，实际上是一种浪费"。如能妥善处理好空置房，就可以解决房子的供求平衡问题。——国家电网发现，全国660个城市约有6540万

---

① 参见附录．拓展消费信贷，培育新的经济增长点．中国城市金融。

套住宅电表读数连续 6 个月为零。

有全国政协委员建议征税。房屋的高空置率势必影响房价的走势，征收房产空置税，最大限度地发挥房屋的使用功能，从而使房地产市场的主流回归到自住和投资收取租金上来，有利于房地产市场长期稳定健康发展。

有人建议像治理"囤粮"一样治理"囤房"，强制征用空置房，在一定时期内作为廉租房出租。

英国政府对"空置房"收取空置费。在法国一些城市，房屋空置的第一年，业主须缴纳房屋市值 10% 的罚金；第二年为 12.5%，第三年为 15%。房屋空置率超过 10% 的德国市镇，地方政府甚至会推倒那些无法出租的住房。丹麦在 50 多年前就开始对闲置 6 周以上的房屋所有者进行罚款。

10.6.6　防患于未然

2011 年 3 月"两会"期间，全国政协委员、银监会主席助理阎庆民接受记者采访时表示，银监会做过银行的房贷压力测试，分别以房价降 10%、20%、30% 为标准，银行能承受房价降 20% 的房贷压力，底线数字是 30%。[1]

问题的关键是，一旦房价步入下跌周期，跌幅会有多大呢？在"失去的 20 年"，日本房价跌幅高达 80%，地价跌幅 75%。经历了漫长的 20 年，很多地方的房价仍只有高位时的 40%~50%。始自 1997 年夏天的香港房价暴跌，一泻千里，至 2003 年年中楼价下跌约 70%。

如同第 4 章曾经讨论过的，假按揭、套贷、工抵、零首付等行为并非以购房居住为目的，无疑更会加重银行贷款的风险。

10.7
应禁止保障房交易

2008 年出台的《深圳市经济适用住房管理暂行办法》规定："购买

---

[1]　陈静，黄瑞. 银监会主席助理：银行承受房价下跌底线是 30%. 中新网.

经济适用住房满 5 年的，买受人可转让经济适用住房，但应按照届时同地段、同类型普通商品住房与经济适用住房差价的一定比例向政府交纳土地收益等价款，政府可优先回购；买受人向政府交纳土地收益等价款后，也可以取得完全产权"。

2011 年初深圳"两会"上，人大代表和政协委员建言"以租代售"，取消保障房销售，避免住房价格"双轨制"滋生的投机。不久，市规划和国土资源委员会在其官方网站挂出了《深圳市住房建设规划（2011～2015）（征求意见稿）》，明确提出"已分配保障性住房原则上禁止上市交易"，"对根据相关政策符合上市交易的保障性住房，仅能由政府以扣除增值收益的价格回购，并重新分配给符合条件的保障对象"。

政府的回购将保障房从买入到卖出都打上政策符号，不允许保障房在市场自由交易，根治购房者赚取政策价买进、市场价卖出这样一个合法不合理的差价。"扣除增值收益"的回购方式，也避免了因房地产市场升温而导致的低价买入、高价卖给政府的炒房行为。

就深圳而言，保障房定价约为商品房价格的 1/3。保障房与商品房之间的巨大差价引来了大量炒房资金的参与。

在 2010 年 5 月出台楼市调控"深十三条"时，相关人士透露，深圳叫停保障性住房的上市交易，系全国首创。

在 2011 年 3 月 2 日上海市政府新闻发布会上，市住房保障和房屋管理局负责人介绍，上海的经济适用房将采用共有产权，或称有限产权制度，以压缩通过经适房投资获利的空间，防止社会公共资源流失。

共有产权机制主要是依据政府在经适房中的各种投入（免收的土地出让金、行政事业性收费、城市基础设施建设费、其他税费等）和购房人购房款的投入所占的比例，设定政府的住房保障机构和购房人的产权份额，由双方在购房时通过购房合同事先加以约定。当日正式发布实施的《上海市经济适用住房价格管理试行办法》第八条规定，购房人产权份额按照销售基准价格与周边房价的比例关系确定，计算公式为：购房人产权份额＝销售基准价格÷（周边房价×90%）。

经适房用于自住时，购房人享有完整的房屋使用权。如果 5 年后经适房上市转让，住房保障机构享有优先回购权，并与购房人按各自产权份额分配转让价款。

共有产权是上海经适房制度的重要特点。据介绍，其他省市有20多种经适房的运营方式，上海的共有产权、有限产权制度是唯一的。其核心是按照共有产权的方式解决经适房使用和收益分配问题。

全国政协经济委员会副主任，北大光华管理学院名誉院长厉以宁在2011年3月"两会"记者会表示，稳定房价首当其冲应建设大量保障性住房，与其限购不如通过加大交易环节税负打击炒房行为；不要过分强调"限购"，应该把"限购"改为"限售"，大幅提高交易环节的税费，且按持有时间长短，交易时所应缴纳的费用也不同。他列举新加坡的经验：买房后一年内卖，要按房价的16%缴税，第二年降低为12%。

第11章

租房须知

租房有一个前提，那就是得有房子出租。

住房公积金的本意是"取之于民，用之于民"，以"居者有其屋"为愿景。这间"屋"的房产证户主何必非得是"居者"呢？房屋的产权属于住房公积金管理部门，本质上难道不属于缴纳住房公积金的人，难道不属于"居者"吗？

住房公积金大建公租房，利己、利民、利国！

个人租房居住是有法规保障的。住建部出台的《商品房屋租赁管理办法》已于2011年2月1日起施行。其中规定，出租住房应当以原设计的房间为最小出租单位，人均租住建筑面积不得低于当地人民政府规定的最低标准。该办法禁止出租人在房屋租赁合同期内单方随意提高租金，明确了出租人的房屋维修及确保房屋安全、承租人合理使用房屋等义务，对承租人优先购买权等法律原则和规定也作了进一步细化。

被称为"提案大王"的全国政协委员彭磷基，于2010年年初在上交的议案中提出，改变目前廉租房仅限于本市户籍且住房困难的低收入人群的做法，建议政府逐步扩大廉租房覆盖范围，将外来工、本地城市户籍异地大学毕业生（蚁族）等群体纳入。

这个提案非常好，能满足更多青年、普通百姓的住房需求，缓解房地产行业的一个突出矛盾。扩大覆盖范围易如反掌，困难在于如何大量增加房源。

租房者大多是18～30岁的青年，收入低、工作年限短。租住面积狭小，缺乏私密空间，行为不便是租房者面临的最大问题，住所卫生环境差，环境嘈杂是影响租房者身体健康的主要因素。与陌生人住在一起，不安全，与邻居不睦（合租者纠纷），心情紧张容易困扰租房者，导致身体、心理健康问题。尤其是京、沪等地的"群租"者应予以足够的重视。

11.1

"取之于民，用之于民"

如前所述，1994 年开始推行的住房公积金是一种国家支持的社会互助基金，意图通过金融互助方式提高缴存公积金者的购房支付能力，在实施过程中具有一定的强制性，单位和个人都必须缴存。2008 年年底全国住房公积金缴存总额已超过 2 万亿元（2009 年、2010 年的数据尚未公布）。

我们曾经指出，住房公积金制度对那些缴纳了住房公积金，却又额外支付住房租金的人而言不公平，对那些有意一辈子赁房居住者来说也不公平。为此，有的地方开始允许领取住房公积金支付房租。这一做法非常好，很值得推广。

意义更重大、效果更显著的做法是，住房公积金大兴公租房建设，还能壮大住房公积金规模。按第 9 章提出的"中国模式"操作，以 1/4 的住房公积金缴存额——5000 亿元建设公租房，无需贷款也能建成 700 万套（土地由政府无偿划拨）。这 700 万套住房产权全部属于住房公积金中心，是银行可以接受的抵押物，贷出资金继续用于建设公租房……总建设规模也容易扩大 3 倍，达到 2000 万套！公租房的租金收入则供偿还贷款本息。未来若是房价持续暴涨，可以考虑将部分公租房以低于市场价出售给租住者，收益用于偿还贷款本息。

租住对象以缴纳住房公积金者为主，租金比市场价低廉，能够吸引更多的人（包括民企员工、中小企业员工、个体工商户、自由职业者）参与缴存住房公积金。是为利己。

普通百姓支出少量的费用，就能通过租住公租房解决居住问题。购房需求缓解，可以平抑房价。房价合理，有能力购房者增多，实现公积金的愿景——普通百姓的购房梦。是为利民。

住房公积金为社会提供公租房，满足大量普通百姓、广大青年的居住需求，减轻了政府的住房保障负担，促进经济持续增长。是为利国。

住房公积金（余额、贷款、收益）建设的保障房以"出租为主"，可以改变住房公积金不能分享地价增值、房价上涨收益的现状。大量建设公租房，改变公积金的资产构成，对住房公积金还有一大好处是提高资产的安全性。相信有人还记得曾经轰动一时的"全国住房公积金第一案"。原湖南郴州市住房公积金管理中心主任李××，从1999年9月至2004年1月，利用职务之便，以中心的单位存款为抵押向银行贷款，或与他人串通从中心获取"政策性住房资金委托借款"，作案44次，金额高达11893.1061万元，绝大部分用于到澳门等地豪赌或个人挥霍，案发时尚有7747.5万元未退还。如果该中心资产中有相当比例的公租房，李树彪不可能挪用那么多钱，该中心的损失也没有那么大。

中央财政保障性安居工程2011年计划支出1000亿元、2010年土地出让净收益的10%约1500亿元加上住房公积金缴存额的25%约5000亿元，若投入建设以"出租为主"的保障房，轻而易举就能达到4000万套的规模，将住房保障的覆盖面超逾20%。"中国模式"欲早日成为现实，需要一批又一批的人奔走呼号。

11.2
租房宜长租

住房租金深受房价影响。房价贵，租金高。房价运行在波峰，不宜购房，也不宜签订长期的租赁合同，除非租金条款随行就市。在房价处于波谷时，长期租赁房产是有利可图的，担心的是出租方由于房价上涨，中途毁约。因此，违约处罚必须明确。

结合自己的职场计划、结婚计划、购房计划，参考房价走势，合理确定最佳的租房时间，宜长不宜短。时间太短，容易让自己频繁受寻找出租房的劳苦。时间长了，即使自己不住，也可以转租他人。

租房时间定的长一些，就不必为居住问题烦恼，可以将时间和精力投入工作、学习及与同事、朋友之间的交往，一心一意打造事业基础，早日实现住房梦。

结婚也同样可以租房居住，尤其是那些自己和恋人的父辈都没有雄厚的经济背景的青年。前提是与恋人充分沟通，双方规划一个美好的购房计划。需要注意的是，如果双方有意在出租的房屋结婚，租期最好在三五年以上。

一定要签订书面的租房协议，不要相信口头约定。如果不会拟写，可以通过网络搜索到，选择一份合适的租房协议。有关租金、租期、出租方中止出租的赔偿条款，一定要明确、合理，并可操作。签合同前，一定要核对住房产权证和房东身份证，看看这房子是不是这个人的。最好不要租二房东、三房东的转手房。

租期可能长达三五年，租金仍然可以借口新毕业参加工作、父母经济困难半年或者一年一付。

11.3
与人合租分摊租金

多数出租房都是两室一厅的，也有少量是三室一厅或者一室一厅。若一个人居住，独力支付房租，对住房而言是一种浪费，对个人来说是一种负担。物色合适的人一起合租，分摊租金，在日常生活中互相也有照应，是一个互惠互利、两全其美的方案。

什么人是最佳的合租人选呢？可以在老乡、同学、朋友中物色，只要对方诚实可靠就行。除非特别投缘，或者实在没有其他选择，不要和同事，尤其同一个部门的同事合租。

两三个人合租，长时间居住，生活在一套屋子里，相互之间出现矛盾在所难免，这需要互相迁就忍让。若干年的合租生活，说不定会交到一个可以共患难的知己。第6章介绍的山东烟台林女士和邹女士两户人家就是很好的例子。

11.4
领取公积金支付房租

国家相关政策在逐步完善，一些省市开始尝试允许领取住房公积金支付房租。认真了解有关规定，申请住房公积金来支付租房租金，可以减轻生活负担，也有资金实力做好其他的事情。

　　以住房公积金来支付房租有一些具体的规定。有的住房公积金管理中心要求提供住房租赁合同，而且必须是经房管部门登记备案的合同或与单位签订的公房租赁合同。也就是说，只有房东到房管部门纳税备案，才能作为提取住房公积金的凭证。按要求备齐相关的材料，就能用自己账户的住房公积金支付租房租金。总之，以住房公积金支付房租对个人而言，利大于弊。

　　有的住房出租者不愿意进行合同备案，是不想纳税。按照 5% ~ 10% 的纳税比例，1000 元月租需支付 50 元 ~ 100 元税金。遇到这种情况，可以根据租金计算需纳税额，若租金税额不多，不妨在房租之外替房东支出税金，或各负担一半。租房进行登记备案，有利于保护双方利益，在一方出现侵权的情况下，可以有效地维护另一方的权益。

　　京、沪、粤等地在 2009 年已陆续允许领取住房公积金支付房租。由于是试点，相关规定比较严格。有的地方只准许按租金超出"家庭收入百分之二十以上"领取。

　　广东佛山市公积金管理中心自 2009 年 7 月 1 日起受理租房提取住房公积金申请。据统计，一年过去了，使用公积金支付房租业务的职工只有 34 人，金额仅 10 万元，不足购房贷款的零头。有市民反映，目前不少租房群体没有公积金，而有住房公积金的职工，想领取公积金支付房租却遇到出租屋没登记、开具发票证明难等拦路虎。

11.5

新房不宜租

　　找房时会遇到新购的房子也出租的情况。租，还是不租呢？

　　住房是供人居住的，购房的目的就是为了居住。新购的住房也出租，房东的本意就是为了坐收租金。这种人在国外很普遍，但在国内比较罕见。在国内，将新房出租的人很有可能是炒房客，原以为房价会继续上涨，贷款或借债将房子购入，等待房价涨高之后出售赚取差价。

　　显然，这样的房子不宜租住。原因有三：其一，一旦房价涨高，待价而沽的炒房客就会考虑卖房，请你退租，驱逐你走。其二，如果他的经济出现困难，无力偿还债务（贷款），债主（银行）就有可能收回房子，你被迫退租。其三，若你租住炒房客的房子，等于从资金上支持他炒房投机。

660 个城市里连续 6 个月电表读数为零的那 6540 万套房子，即使能有一半供人居住，也可以让 0.6 亿~1 亿人居有其所。

为避免频繁搬家，列入拆迁的房子或危房也不宜租住。

11.6
加强对房屋租赁市场的管理

加强对房屋租赁市场的管理，减轻普通百姓租房负担是一项长期工作。业内专家指出，在许多地方，如果严格按照规定执行，出租住房要缴纳的房产税、城镇土地使用税和营业税等高达租赁收入的 17% 以上。这就使得出租人采取各种办法来逃避管理。因此，可以在税收上给住房出租以优惠，让住房租赁合同合法、规范，愿意到有关管理部门备案，从而使出租人和承租人的合法权益都得到有效保护。

2010 年年底，有人通过网络爆料，××市住宅租赁管理服务中心人均年收入 30 万元，被网民评为"天量年薪"、"史上最牛工资"。该中心回应称，网贴的证明材料为"内部草案已被否决"。话音刚落，发帖人再次贴出该中心三份内部文件：《中心日常支出统计表》、《租赁中心 2011 年收入征收计划表》和《租赁中心 2011 年支出计划表》。这三份文件显示，中心正式员工 2010 年前三季度已发放工资 1436 万元，人均每月 23469 元，聘用人员平均工资只有正式员工的 1/8。①

若真相属实，财政不太可能支付如此"天量年薪"，那么发给员工的钱从何而来？——可不要是从住宅租住者身上搜刮上而来的。

媒体报道，1992 年××市人大常委会会议通过的《××经济特区房屋租赁条例》，规定出租房屋办理房屋租赁合同登记和备案手续的，

---

① 记者杨磊同，郭彪，曲广宁．"史上最牛公务员工资"平均年薪 20 万　单位回应［N］．南方日报，2010－12－23.

出租人需分别按月租金的 2% 和 3% 缴纳房屋租赁管理费。据介绍，2009 年全市共收取租赁管理费 6.16 亿元，加上代征的私房租赁税共计 11.71 亿元。

很多租户对于房屋租赁管理费感到痛恨，甚至为了逃避收费而不去管理部门登记。而自 2005 年以来，这一问题成为每年该市"两会"建议、提案中的"常客"，取消收费被代表委员认为迫在眉睫。在 2010 年该市"两会"上，138 名市政协委员再次联名呼吁解决这个多年的老问题。

代表委员普遍认为，这项收费已经不符合国家政策，从出租屋管理角度来说，也并不是"非收不可"。有政协委员指出，这一收费与 1997 年省治理乱收费办公室 7 号文及 2001 《国家计委财政部关于全面整顿住房建设收费取消部分收费项目的通知》中明确取消租赁管理费的规定相抵触，为不合法、不合理收费。而且，房屋租赁环节税务部门已征收房产税、营业税、所得税、教育附加税、城建附加税等综合税收，如再征收租赁管理费则是典型的税费重复，是明令禁止的。

主张继续收费方表示，这是为了解决流动人口和出租屋管理服务工作的经费开支。该市流动人口和出租屋数量极为庞大，管理服务的任务异常艰巨，流动人口和出租屋综合管理部门不仅负责房屋租赁市场的管理工作，还要组织采集登记流动人口和出租屋信息，协助相关部门做好社会治安和城市管理等工作。目前，全市共有出租屋管理员 1.4 万名，加上房屋租赁管理系统在编人员，每年需要经费约 7 亿元，主要来源就是收取的房屋租赁税费。另外，该市没有对流动人口收取治安联防费，按照"谁出租谁负责"的原则，对出租屋业主收取一定费用，专项用于流动人口和出租屋管理工作，比对流动人口收取治安联防费，不仅相对容易操作、矛盾阻力较小，而且体现了社会公平。

11.7
希望寄予"中国模式"

现行住房保障体系以"出售"的保障房为主，"出租"的廉租房为辅。结果，保障房沦为一部分人炒房牟利的工具。另有现象表明，保障房以经济适用住房的名义在某些地方延续着"福利分房"职责。

2010年12月，××省山×县的一份"经济适用住房申请人名单"在网上热传并引发质疑。有记者调查发现，932个申请购买经适房的人员中，超过9成为机关公职人员，注明职务者183人，包括乡长、镇长、局长、部长等，副科级以上人员比比皆是，涵盖该县各级各类政府机关，部分人员来自医院和学校。注明的下岗职工仅为14人，退休人员为2人（一人退休前为乡人大主席）。名单来自县政府网站，于5月25日由县城建局发布。该县宣传部证实了这份名单，称是县房改办按照"上面文件"选定。①

根据2007年建设部等七部门印发的《经济适用住房管理办法》，经济适用住房是面向城市低收入住房困难家庭供应的住房，单套建筑面积控制在60平方米。该县政府网站4月23日发布的《××花园小区经济适用住房销售公告》规定，购买该经济适用房需同时具备三项条件：（1）具有本县常住户口的干部职工；（2）县处级干部住房面积低于60平方米的家庭，科级以下干部住房面积低于45平方米的家庭；（3）截至2008年12月31日，双职工家庭年均收入50000元以下，单身职工家庭年均收入25000元以下。

对比可见，山×县将城市低收入住房困难家庭的申购范围缩小成"干部职工"，经适房变身干部职工的"福利房"。山×为国家扶贫开发重点县，2008年城镇居民人均可支配收入10568元。该县将家庭年收入50000元作为申购经适房的门槛，涉嫌为高收入人员开路。

山×县拟出售的这批经适房面积大大高于60平方米的规定。按该县公告，供应一般干部职工住房面积为80平方米，科级干部100平方米，县处级干部120平方米。据了解，该经适房小区一期已经有购房者入住，面积大多为89平方米，有少部分是108平方米。

另据了解，该经适房所在的××花园住宅小区是县重点建设项目，一期工程总投资3亿元。资料显示，该小区总建筑面积约14万平方米，

_____

① ××县经适房申购名单引质疑　9成以上为公职人员．华商网．

由 400 套经适房和 600 套商品房组成。

引来围观的还有一份"上×县申购经济适用房符合条件人员名单"，发布在上×县委、县政府电子政务网站，公示时间为 2010 年 12 月 25 日至 12 月 31 日。上×县城乡规划建设局相关人员回应称，名单经过初步核实且符合条件，公示就是为了公平公正地接受百姓监督。

令人意外的是，符合上×县申购经适房资格的家庭共有 1568 户。其中，来自县委办、财政局、国土局、法院等党政机关约 600 户，来自学校超过 800 户。

有人奇怪："怎么除了公务员就是事业编制？""这是经适房还是干部的福利房？"

2010 年 8 月，有媒体对××市海×区 3725 名申请保障房人员进行了统计，发现与政府相关的人员超过 61%。保障房某种程度上已经演化为公务员的福利房。

无偿提供土地，承担建设性费用，提供保障性住房给无力购买商品者居住，是国家对人权的一种保障。保障房主要面向低收入的住房困难家庭。非低收入群体占用了十分有限的保障房资源，真正的低收入百姓的住房困难就无法得到解决。一部分中高收入者居住着保障房，却购置了房产租赁牟利或待价而沽，有悖政府住房保障的本意。

2010 年 6 月国务院发布的《关于加快发展公共租赁住房的指导意见》明确指出，发展公共租赁住房实行省级人民政府负总责、市县人民政府抓落实的责任制，各地要把公租房建设用地纳入年度土地供应计划，予以重点保障，加大对公租房的投入，中央以适当方式给予资金补助。通过新建、改建、收购、在市场上长期租赁住房等方式多渠道筹集公租房。新建公租房以配建为主，也可以相对集中建设，主要满足基本居住需求，单套建筑面积要严格控制在 60 平方米以下。在外来务工人员集中的开发区和工业园区，政府应当引导各类投资主体建设公租房，面向用工单位或园区就业人员出租。

公租房出租人与承租人应当签订书面租赁合同，期限一般为 3 至 5 年，期满后符合规定条件的承租人可以续租。公租房只能由承租人自住，不得出借、转租或闲置，也不得用于从事经营活动。承租人违反规定的，责令退出；拖欠租金和其他费用的，可以通报其所在单位，从其工资收入中直接划扣。

鼓励金融机构发放公共租赁住房中长期贷款，支持符合条件的企业通过发行中长期债券等方式筹集资金，探索运用保险资金、信托资金和房地产信托投资基金拓展公租房融资渠道。政府投资建设的公租房，纳入住房公积金贷款支持保障性住房建设试点范围，租金收入专项用于偿还公租房贷款，以及公租房的维护、管理和投资补助。

随着住房保障制度的逐步完善，越来越多的人将得到实惠。

2010 年 12 月住建部部长姜伟新表示，2011 年保障工作的一个新任务是保障房退出机制。目前，因收入增加或条件变化而腾退保障房的人寥寥无几，这一方面造成政府负担越来越重，另一方面造成本该享受保障房政策的人没有享受到。

审计署公布的 19 个城市 2007～2009 年廉租房建设情况表明，有 6 个市存在廉租房保障对象退出难的问题。廉租房和公租房的退出问题，各地颇为头疼。难在低收入者的收入变化难以监测，难在不符合保障条件的家庭拒退廉租房。

据报道，××市住宅租赁管理服务中心 2010 年 11 月 9 日发布消息，定于 17 日进行 2010 年第十四次政策性出租住房的公开选房。此次入围的 15 名申请者均在 2009 年 9 月提出租房申请。申请一年之后才能选房，一批仅有 15 名申请者入围，足见申请公租房之困难。截至 11 月份只是第十四次。推算起来，该市 2010 年全年供给的出租房只能满足两三百户居民的需求。①

按照该市年初制定的保障房建设计划，2010 年四项目标是开工 5 万套、筹建 5 万套、竣工 1 万套、向市场分配 1 万套（保障房）。对比发现，该市在 2010 年提供的公租房数量的确不多，普通百姓要申请到公租房十分困难。

根据申请条件，政策性出租住房申请人须是市财政全额或差额拨款的党政机关、事业单位中由市财政发放工资的在编职工。此外，申请人

---

① 17 日××开始公开选政策出租房　逾期不补选. 中国新闻网.

家庭或个人无房（包括准成本房、全成本房、微利商品房、市场商品房及自建私房）。申请"政策性出租住房"须按申请时间先后顺序排队等候，排到后参加选房并签订租赁合同入住。

××市为特区城市（2008 年人口 876 万），回顾一下第 5 章提到的 980 万人的北方某省会，2010 年公租房只建了 320 套，不难窥见当前公租房的申请难度。

2011 年 2 月 12～28 日，重庆市首批 15281 套公租房接受申请。短短 17 天内，32 个申请点接待了约 25 万人次的咨询，市公租房信息网浏览量达 30 多万人次。经审核，有 22317 人（户）符合申请条件可以参加摇号配租。每套房屋面积 40～80 平方米。①

申请公租房困难的地方不只是国内，在香港申请公屋最少要有 7 年以上的工作条件才有权利提出申请。

2011 年元月北京市"两会"传出的消息，除政府组织建设、收购公共租赁房房源外，鼓励机关及企事业单位、高校、科研院所等社会单位利用自有国有土地建设公共租赁房，向企业职工出租，鼓励农村集体经济组织利用存量建设用地建设租赁房。这样鼓励公租房建设可以将土地资源充分利用起来，增加公租房数量，减少地方政府保障房的供地压力。

公租房的覆盖对象不仅包括北京户籍人员，也包括有稳定工作的非京籍人员，包括技术人员、引进人才。《北京市加快发展公共租赁住房的若干意见》已于 2 月 1 日实施。同时，还将陆续出台 8 个配套文件。该《意见》明确指出，公租房的保障人群主要是三类。一是廉租房、经适房、限价房轮候家庭。二是有稳定收入、稳定工作的新毕业大学生、新就业职工等。三是部分符合条件的外来务工人员。

建设集体宿舍式公租房已列入北京市住建委议事日程。普遍存在的群租、租住地下室的现象将会很快成为历史。

重庆市政府 2011 年 2 月 11 日召开新闻发布会，首批总面积 400 万平方米的 8 万余套公租房，次日起正式接受申请。其中有 40 万平方米

---

① 记者杨雪峰，梁龄. 重庆公租房首次摇号　成功配租 15281 套［N］. 重庆商报，2011 - 03 - 03.

为现房，摇中号的申请人可立即入住，360 万平方米为期房，摇中号的申请人最迟将于 11 月入住。年底前，全市将累计提供 1000 万平方米公租房，预计将于 10 月进行第二次摇号。同时规定，全市所有符合申请条件的公务员一律不参加 3 月 2 日首批公租房房源摇号。

公租房主要是针对中低收入的既不符合廉租房申请条件、又买不起商品房的夹心层人群，重庆的公租房房租一般为同地段同类型商品房房租的 60%，每平方米 9 元~11 元。市民可以到全市 30 个公租房申请点和 2 个临时申请点进行政策咨询、领取申请表或提交申请。市公租房管理局还提供网上申请服务。

《重庆市公共租赁住房管理实施细则》也正式出炉。凡年满 18 周岁，在主城区有稳定工作和收入来源，符合政府规定收入限制的无住房人员、家庭人均住房建筑面积低于 13 平方米的住房困难家庭、大中专院校及职校毕业后就业和进城务工及外地来主城区工作的无住房人员，都可以申请。对申请公租房的收入标准做了明确限定，单身人士月收入不高于 2000 元，2 人家庭月收入不高于 3000 元，超过 2 人的家庭人均月收入不高于 1500 元。此标准将由市政府根据经济发展水平、人均可支配收入、物价指数等因素的变化定期调整。

为确保公租房规范运行，重庆对公租房住户的退出机制进行了制度设计。公租房租住以 5 年为期限，租住者购买改善住房后，可以退出公租房。公租房租满 5 年后，租住者可以选择购买公租房，转换成有限产权的经济适用房，出售价格以土地成本、建安成本、税费和投入资金等相加的综合成本价为基准。购买的公租房可以继承、抵押，不得进行出租、转让、赠予等。购买人需要转让的，由政府回购，回购价格为原销售价格加同期银行活期存款利息，不会随着房价的上涨而上涨。

"雄关漫道真如铁，而今迈步从头越"——希望寄予"中国模式"实现的那一天！

附录

拓展消费信贷，培育新的经济增长点

一、商品房积压的原因是居民购买力不足

1995 年，全国商品房积压 5031 万平方米，其中普通商品住宅 3880 万平方米，占 77%。同年底，在全国 640 个城市中住房困难户有 325 万户。由以上对比可以看出：一边是商品房大量积压，另一边是居民迫切需要住房。横亘在两者之间的是什么呢？是资金，是消费资金。

目前我国实行低工资制，且工资中没有包含住房部分。近年来虽有了住房补贴，但远不足以补充购房的巨额资金。当然，城乡居民在银行有 3.6 万亿元的存款。从中国人民银行第 16 次居民储蓄问卷调查看，居民储蓄的首要选择是正常生活零用占 32.2%，为获取利息占 9.6%，多数是为了应付子女上学、购房、医疗保险和失业等未来需求的预防性动机。在还没有建立完善的社会保障体制的中国，这一积蓄便成为城乡居民的依靠和保障！何况，我国经济体制改革在深化，由国家统包的一系列福利制度发生了根本的变化，特别是教育、医疗、住房、就业、养老金等改革措施出台，居民预期消费的不确定因素大大增加。因此，与其未来用途相比，3.6 万亿元存款根本算不了什么！

站在昂贵的商品房门前，改革没有达到相当的深度，职工工资中没有包含住房部分，居民购买力就显得不足，商品房积压就成为不可避免。

二、发展消费信贷有利于市场经济健康发展

经过 1992 年和 1993 年房地产业的"过热"之后，截至 1995 年年

底，房地产平均每年用于住房建设的投资达到 2000 亿元。投资增额仍保持 21.4%，高于全社会投资的平均增长水平。几十年来，我国金融机构的贷款大多数是投入生产企业和流通企业，面向个人的消费信贷资金不能说没有，可以说是极少。

信贷资金纷纷投入房地产开发，住房建设投资过热，而住房消费信贷明显不足。热衷住房建设，冷落住房消费的结果是，5000 多万平方米的商品房空置，积压资金达 1000 亿元；全国 640 个城市 325 万户住房困难户"望房兴叹"，3300 多万平方米的危旧房屋没有资金改造。

居民住房建设是新一轮经济周期的增长点，这已成为社会各界的共识。要启动房地产，不仅要整顿房地产开发企业，降低商品房利润到合理水平，清理商品房价格中的不合理成分；尤其要解决居民购房支付能力不足的问题。居民没有购买住房资金，主要原因在于我国长期实行低工资制，工资中没有包含住房部分，居民没有得到购买住房的收入，没有住房资金的积累。随着改革的深化，住房福利实物分配制度将成为历史，住房消费真正并入工资分配以后，经过积累，居民的住房购买力必定增强。在解决居民购买力不足的问题上，西方发达国家的经验是，实行消费信贷。消费信贷能够让消费者借助远期的收入实现近期的消费。许多国家的消费者购买住房，并非全凭自己的积蓄，而更多的是借助金融服务——消费信贷。市场消费能力的疲软是目前我国经济发展的障碍。

市场经济的健康发展，需要社会资金做到既支持企业生产经营，又保证消费者有有效需求，房地产行业自然也不例外，既要支持住宅建设供给，又要保证住房消费需求。金融部门对住宅建设的信贷支持，应逐步从单纯支持企业开发转向支持住房消费与支持住房建设并重上来。

拓展个人消费信贷服务是市场经济体制下，以市场为导向的选择。唯有消费信贷可以迅速打破日用工业品的供求平衡或供过于求。给消费者提供消费信贷资金，让其购买商品，流通企业就能尽快销售商品，回笼货币采购新商品；生产企业就能及时得到资金，继续扩大再生产。企业有了经营效益，职工——消费者就能增加收入，再继续消费。从某种意义上说，给消费者信贷资金就是给生产经营企业贷款。我们认为，面向个人的消费信贷有利于市场经济的健康发展。

在开展住房消费信贷业务时，应该让分期付款、住房按揭贷款成为居民购房的首选。

几年来，多家银行相继开办了个人住房消费信贷业务。中国工商银行和中国建设银行，从 1996 年开始在全国范围内全面推行个人住房信贷业务，这些举措对推进住房消费已经起到了积极作用。但是，目前住房消费信贷业务的规模和比例仍然不大或偏低，住房金融服务网络尚未形成，亟待发展。

三、银行迎来前所未有的发展机遇

据介绍，西方发达国家的信用卡是银行最赚钱的金融商品；而银行的其他业务，如传统的信贷业务，通常只能赚到信用卡业务 1/3 的利润。1990 年美国花旗银行纯利润 9 亿美元中，有 80% 是信用卡的收益。银行信用卡业务收入的 75% 则来源于透支贷款利息。

从表面上看，经营信用卡业务给银行带来了巨额的利润，实质上，笔者认为，西方发达国家银行能够赢得巨额利润的主要经验是，这些国家的银行以市场为导向，把握住了信用卡服务的主体——个人，大力开展面向个人的消费信贷服务。

西方国家的银行不仅为企业提供贷款服务，而且也为个人提供贷款服务，并且条件相当优惠——前 55 天免息。"先消费，后还款"的消费信贷观念，分期付款购物消费，如汽车、住房等，在西方国家相当普遍，司空见惯。据一项统计资料表明，早在 1986 年，美国分期付款的信用贷款余额达 6770 亿美元，信用消费比重占了家庭可支配收入的 20.6%。到 1994 年年底，美国仅信用卡业务应收款即消费者未付款就达 9112 亿美元。

在市场经济体制下，我国金融业在面向个人的金融服务方面，忽视了一个极其重要的内容——向个人提供消费信贷服务。基于此，笔者认为，银行应该把握好经济体制改革的机遇，抓住国家启动房地产行业的有利时机，及时深化自身的改革，调整信贷结构，拓展个人消费信贷服务。

消费信贷是银行以信贷方式给消费行为提供的贷款，包括两种形式：现金消费信贷和实物消费信贷。两种形式的实质是一样的，银行贷出的都是资金。现金消费信贷是银行把资金直接贷给个人，风险高；实物消费信贷是银行贷出资金给对方单位（如房地产开发企业），个人得到的是实物（如住房），风险低于现金消费信贷，透支利率可考虑按规定优惠。分期付款和住房按揭是实物消费信贷服务的主要方式。消费信贷业务和银行传统的信贷业务的主要区别在于贷款对象和贷款目的的不同。传统信贷服务对象是企业，贷出资金投入生产、经营，贷入方以盈利为目的。消费信贷服务对象是个人，资金用于日常生活消费，贷入方以消费为目的。

目前国内各大银行为拓展个人消费信贷服务，设立了新的业务部或者将此业务交由现有的信贷部、房地产信贷部来办理。但笔者认为，若要兼顾消费信贷服务的形式和特点，最合适的经办者是信用卡业务部。消费信贷服务形式是现金消费信贷和实物消费信贷，信用卡本身就具备现金透支功能。消费信贷的特点涉及千千万万的个人，具体工作（如收款）繁多，最好以信用卡（含磁卡、IC 卡等）为媒介，借助先进的金融机具 ATM、POS 来完成。

住房消费信贷服务的模式可以是：居民选中商品房后，和信用卡业务部签订分期付款购买住房合同，将首期——商品房款的 20% 付给信用卡部，信用卡部垫付余款——商品房款的 80%，一次性将商品房款足额交付房地产开发企业；居民依照分期付款合同按期（月、季、年）将贷款本息归还信用卡部，每期应归还的本息可按下面公式计算：

每期还款金额＝（贷款本金/贷款期）＋（本金－累计已偿还本金）×利率

当然合同应该明确注明，一旦居民若干期不能如约归还本息，银行有权拍卖其商品房以冲抵扫垫付的房款和利息。

据有关专家预测：到 2000 年，城镇居民住房支付比重将从目前的6.8% 增加到 10%～15% 左右。这就为制定分期付款的具体方案提供了一个参考依据。同时应结合我国的国情和兼顾中国人的家庭观念、从业特性和人文环境，分期付款的期限宜在 10 ~ 30 年。考虑中国人的消费观念和我国几十年低工资制和低房租福利制的实际，作为鼓励或者补偿，住房分期付款的前几期可实行低利率甚至免息，每年支付住房款额宜为收入的 10% ~ 30%。

　　解决住房问题，唯一的出路在于金融体制改革，调整信贷结构，在现有信贷业务之外增设消费信贷。拓展个人消费信贷服务，推行住房分期付款和住房按揭。以商品房销售为作用点，以分期付款、住房按揭为杠杆，以住房消费信贷资金为作用力，忘却房地产市场。通过拓展居民住宅市场，形成新的经济增长点，带动新一轮的经济发展周期。

参 考 文 献

［1］中国社会科学院.中国住房发展报告（2010～2011）［J］.社会科学文献出版社，2011.

［2］刘家义.关于2009年度中央预算执行和其他财政收入的审计工作报告.审计署网站

［3］赵小剑.房改刹车并未踩死　部委公务员享受准福利分房［N］.南方周末，2008－03－27.

［4］张静.温家宝：有信心让房价回到合理价位［N］.新京报，2010－12－27.

［5］张季风.挣脱萧条：1990～2006年的日本经济.社会科学文献出版社［J］，2006.

［6］中国民营经济发展报告NO.7（2009～2010）.社会科学文献出版社［J］，2011.

［7］王敬霞.最新调查显示　六成房奴受焦虑等负面情绪折磨［N］.法制晚报，2010－11－11.

［8］钟正.国家级贫困县热卖图纸房　房价涨到3000元/平米［N］.中国证券报，2011－02－14.

［9］侃草.×××查实56名官员倒卖房票　批评检查即过关.人民网.（http://qh.people.com.cn/GB/182778/13636566.html）.

［10］周文，沈艳红.租房者多为"三低"人群　超六成遭受疾病折磨［N］.信息时报，2011－01－17.

［11］王俊秀.××××：不配合拆迁，教师被强制停课［N］.中国青年报，2010－02－20.

［12］龚菲.教师拆迁动员不力被停课［N］.东方早报，2011－

01 -27.

[13] 浦超. ××××回应607套廉租房被"瓜分"事件. 新华网. (http：//news. xinhuanet. com/society/2011 - 01/30/c_121042101. htm).

[14] ×××经适房申请者87％为公职人员　官方核实无误 [N]. 京华时报, 2011 - 01 - 15.

[15] ××县经适房申购名单引质疑　9成以上为公职人员. 华商网 (http：//news. hsw. cn/system/2010/12/20/050729659. shtml).

[16] ××省政府办公厅关于《华商报》反映"××县经适房申购名单引质疑"有关问题的核查结果 (http：//www. shaanxi. gov. cn/0/1/6/527/95874. htm).

[17] 陈世昌, 舒均. "6连号"经适房：申购材料是假的 [N]. 楚天都市报, 2009 - 06 - 18.

[18] ××保障房终审结束　仍有申请人住"豪宅" [N]. 每日经济新闻, 2011 - 01 - 04.

[19] 邓瑾. 政府花钱得有新办法 [N]. 南方周末, 2011 - 01 - 06.

[20] 刘德炳. 去年我国地王迭出　最高价达35万/平方米 [N]. 中国经济周刊, 2011 (4).

[21] 叶书利, 喻春来. ×××土地闲置6年升值22倍　三宗地曾涉腐败案. 证券之星网站. (http：//stock. stockstar. com/SS201012313004 4991. shtml).

[22] 俞燕. 八家保险公司集体亮相中服地块竞标现场 [N]. 第一财经日报, 2010 - 12 - 21.

[23] 于萍, 王锦. 开发商挥金如土抢地　京津沪卖地收入将超4000亿 [N]. 中国证券报, 2010 - 12 - 29.

[24] 刘植荣. 透视美国普通工人工作5年买300平米新房的真相. 人民网 (http：//world. people. com. cn/GB/13839733. html).

[25] 周文, 沈艳红. 租房者多为"三低"人群　超六成遭受疾病折磨 [N]. 信息时报, 2011 - 01 - 17.

[26] 袁立中, 花为华. 民营经济GDP占比51％对社会就业贡献突出, 个私企业从业人员突破百万 [N]. 扬州日报, 2011 - 2 - 15.

[27] ××一镇强拆逼村民住猪圈　政绩崇拜致公权滥用［N］．京华时报，2010 - 12 - 12.

[28] ××××市××区房产局副局长日记"泄密"［N］．南都周刊，2010 - 07 - 07.

[29] 杜琴庆．外汇局：投资美两房债未亏损　年收益率6%［N］．东方早报，2011 - 02 - 12.

[30] 杨磊同，郭彪，曲广宁．"史上最牛公务员工资"平均年薪20万　单位回应［N］．南方日报，2010 - 12 - 23.

[31] 北京市2010年第四季度城镇居民购房需求问卷调查综述．中国人民银行网站．

[32] ××××新区"鬼城"之说不实．新华网（http：//news. xin - huanet. com/2011 - 01/26/c_121026148. htm）.

[33] 兰方，李慎．楼盘销售均价直降4000元　业主维权求退房［N］．新世纪，2011 - 03 - 14.

[34] 吉田和男．金融大海啸［J］．生活·读书·新知三联书店，1999.

[35] 冯邦彦．香港地产业百年．东方出版社，2007.

[36] 钟镇涛．麦当劳道［J］．博美出版社，2007.

[37] 17日深圳开始公开选政策出租房　逾期不补选．中国新闻网（http：//www. chinanews. com/estate/2010/11 - 10/2646536. shtml）.

后　记

　　感谢将本书呈送到一个又一个读者手中的所有人，你们是在为一个千年愿景而奔走呼号——"大庇天下寒士俱欢颜"！

　　书中探讨的"中国模式"——出租为主，既解决众多青年、黎民百姓的住房困难，又让投资方因拥有住房产权而享有房价长期上涨带来的增值收益，更彻底卸下政府住房保障的包袱。

　　房价走势令有房者烦恼，楼宇拆迁令有房者困扰。20 世纪 70 年代建设的住房已经罕见，一些城市 20 世纪 90 年代建设的住房也所剩无几。建一栋楼需要一两年时间，拆一栋楼有一两个月就够了。再拆就轮到房龄一二十年的新房了。拆了建，建了拆。拥有住房产权的人难以安居乐业，也未必能从房价上涨中获得实惠。"中国模式"满足的是居住需求，抑制了投资需求，让房价跳出暴涨暴跌的怪圈，从而延缓了住房的拆建速度，增加了楼宇的使用寿命。

　　"中国模式"营造的是一个多方共赢的格局！

　　社会进步的方向必然顺应绝大多数人的利益。"房子是用来炒的，不是用来住的；商品房是卖给银行的，不是卖给老百姓的"终究会成为历史，明天肯定是"房子应该是买来住的，不是买来投机的"。

　　美丽的"中国模式"从蓝图变成现实，需要走过一段路程，我们不妨携手共进。国家（含住房公积金）供应的出租性保障房达到四五千万套规模，不但会极大丰富租赁市场的房源，拉低赁房租金，也能有效遏制房价攀升的势头。希望我们今天用二十元买一本书，明天少花几十、几百元租房租金，后天节省几十万、上百万元购房款。

　　本书是集体智慧的结晶，凝聚众多署名（未署名）作者的心血。书中事例均取自媒体的正式报道，出于众所周知的原因，隐去了部分地名和人名。

　　感谢经济科学出版社段钢编辑。为本书提出了许多十分有建设性的意见和建议，为本书增添了许多亮点，没有他的辛勤汗水，本书不会这么顺利付之于出版。

陆少萍

2011 年 3 月